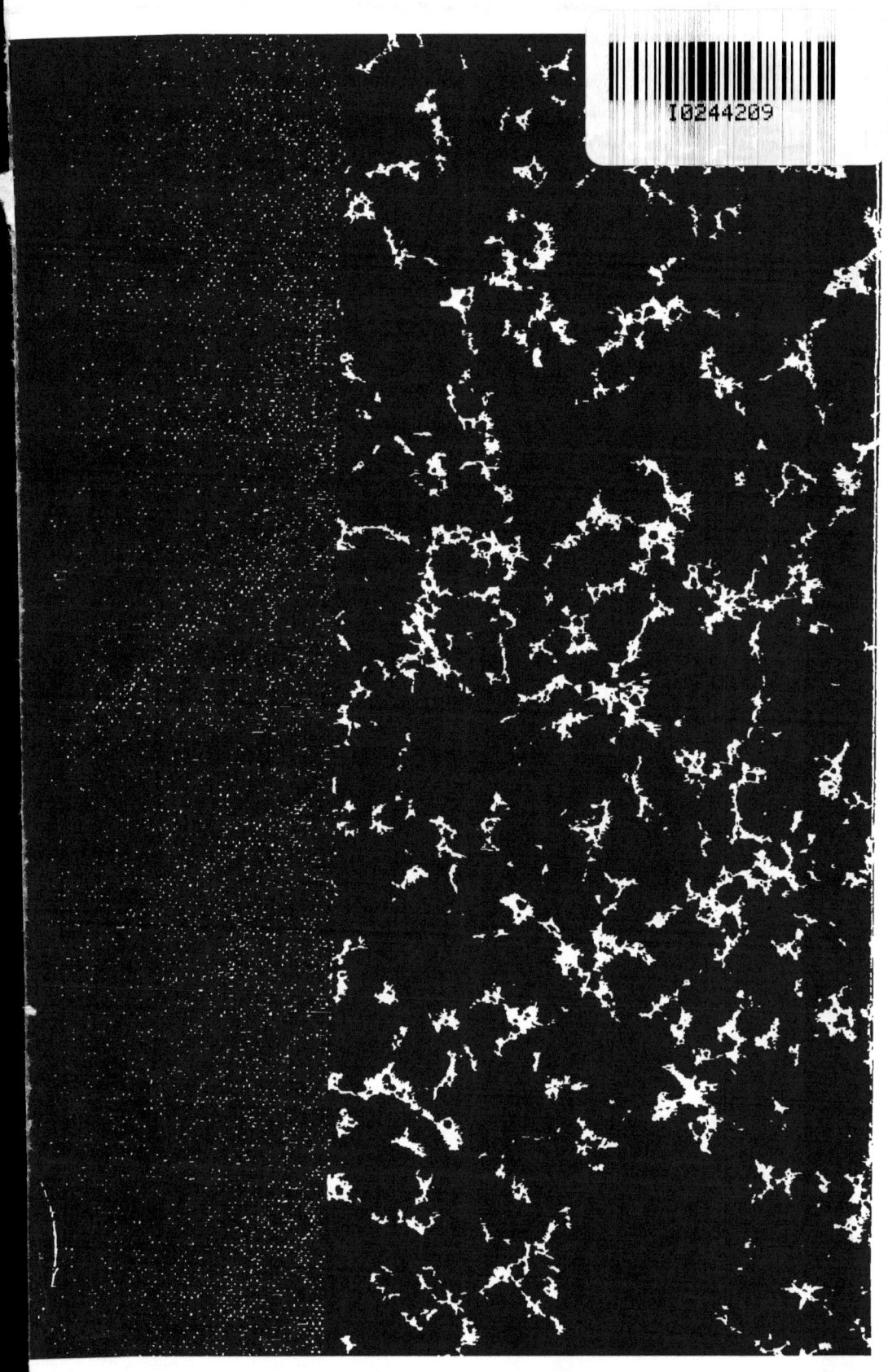

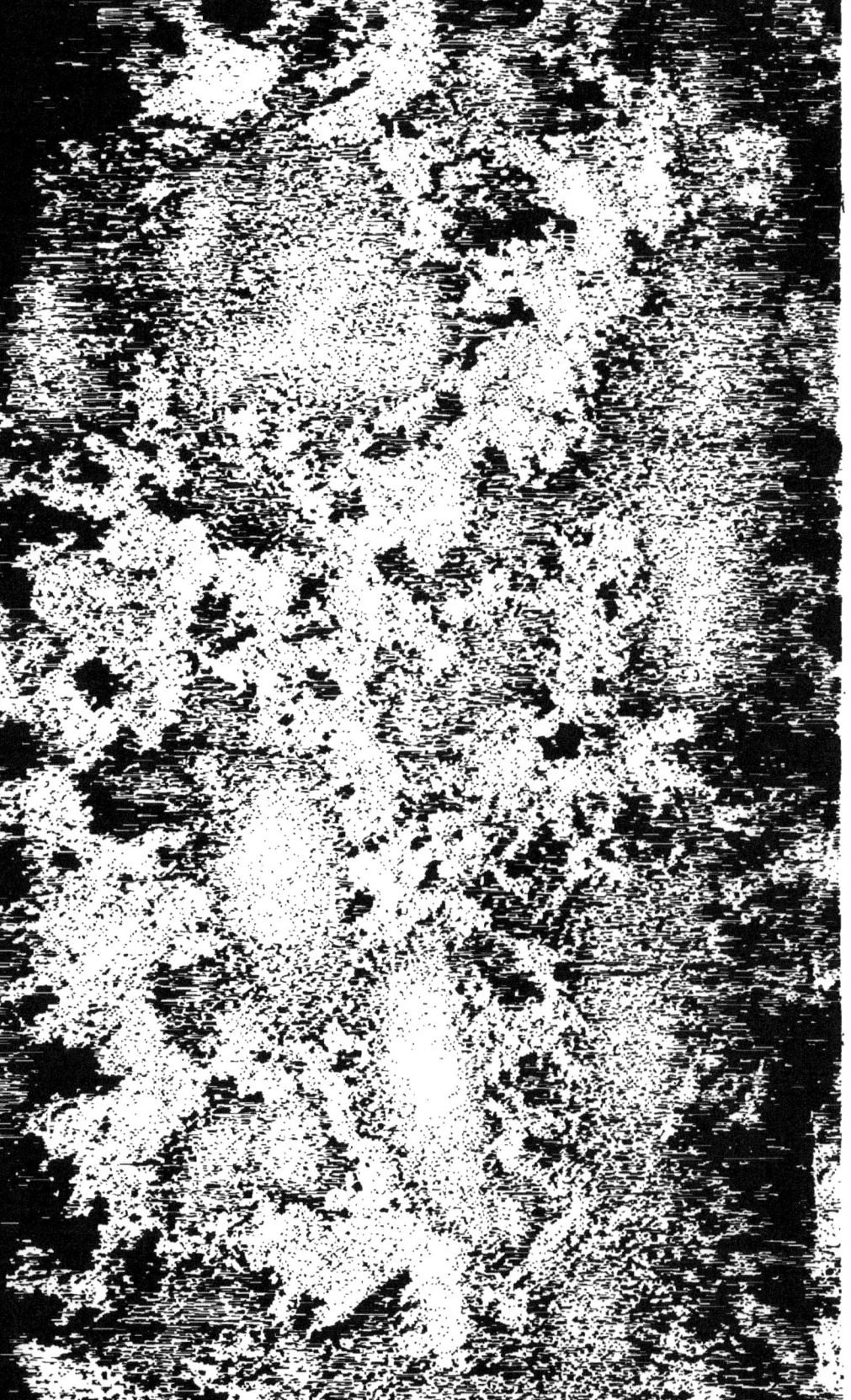

HISTOIRE

DE

S. VINCENT DE PAULE.

AVIS.

Cet ouvrage a été composé d'après la *Vie de saint Vincent de Paule*, par COLLET, Rouen, 1748, 2 vol. *in-quarto*, et l'*Histoire abrégée de saint Vincent*, par le même, 1 vol. *in-douze*. Il est la propriété de l'éditeur KLEFFER.

PIERRE COLLET, prêtre de la Congrégation de la mission, Docteur et Professeur en théologie, naquit, dans le Vendomois, en 1693, et mourut en 1770. Il publia un grand nombre d'ouvrages de piété, et acquit la réputation de bon théologien et d'un ecclésiastique vertueux.

Ouvrages récemment publiés par l'éditeur précité, qui se trouvent chez le même Libraire.

PETIT CARÊME DE MASSILLON, 1 vol. *in*-18 imprimé sur papier grand raisin fabriqué exprès. *Édition unique*. Prix, avec deux portr. grav. 2 fr.

— Le même, tiré à douze exemplaires, sur quatre papiers différens. 1 vol. *in-octavo* cartonné à la Bradel. . . . . 12 fr.

Ce Petit Carême, précédé d'une notice sur la vie de Massillon, est augmenté de notes inédites d'un grand intérêt, et son exécution typographique remarquable sous beaucoup de rapports; mais ce qui en fait un chef-d'œuvre unique en son genre, c'est que chaque ligne de ce joli volume finit toujours avec un mot, et qu'on en chercherait inutilement de coupé, chose d'autant plus difficile à exécuter pour un ouvrage du domaine public, qu'il a fallu non seulement respecter le style, mais aussi l'orthographe et la ponctuation de l'auteur.

—Le même ouvrage, aussi en 1 vol. *in*-18, sans notice ni portrait. . . . . 75 c.

LA MORALE EN ACTION, ou Faits et Anecdotes remarquables et instructifs : ouvrage propre à faire aimer la sagesse, et indispensable aux jeunes gens des écoles militaires, des colléges et des maisons d'éducation de l'un et de l'autre sexe. 1 vol. *in*-12 très-bien imprimé sur pap. vélin. Prix, sans fig. 1 fr.

— Avec fig. et couvertures imprimées. . 1 fr. 15 c.

HISTOIRE

DE

S. VINCENT DE PAULE,

Fondateur des Filles de la Charité, des Enfans-Trouvés, des Hôpitaux de Bicêtre, de la Salpêtrière, de la Pitié, à Paris; de celui de Marseille, pour les Forçats; de Sainte-Reine, pour les Pèlerins; du Nom de Jésus, pour les Vieillards, etc., etc.

ÉDITION DE PROPRIÉTÉ.

PARIS,

GARNIER, LIBRAIRE, PALAIS-ROYAL.

1829.

HISTOIRE

DE

S. VINCENT DE PAULE.

LIVRE PREMIER.

La France était, sous Henri III, dans la plus affligeante situation, lorsque Dieu, qui, dans sa colère, rappelle le souvenir de ses miséricordes, fit naître, dans un coin des Landes de Bordeaux, un homme qui, malgré la bassesse de sa condition, devait un jour rendre à l'Église une partie de son ancienne splendeur, et à l'état des services signalés. Il naquit le 24 avril 1576, dans un petit hameau de la paroisse de Pouy, au diocèse de Dax, vers les Pyrénées. Son père se nommait Guillaume de Paule, et sa mère Bertrande de Moras. Leur fortune était médiocre; mais un travail assidu, joint à une vie très-frugale, leur tenait lieu d'un patrimoine plus abondant, et les mettait en état de soulager ceux qui étaient plus pauvres qu'ils ne l'étaient eux-mêmes.

Dieu bénit leur mariage, et leur donna six enfans, deux filles et quatre garçons. Vincent, dont nous écrivons la vie, fut le troisième; son père le destina à la garde de son troupeau ; et nous aurons lieu de remarquer souvent qu'il n'oublia jamais l'abjection de son premier emploi.

Dès que Vincent fut capable de montrer des inclinations, il fit voir que la main de Dieu les tournait du côté du bien. Celle qui perça la première fut un grand amour pour les pauvres. Son pain, ses habits même, n'étaient plus à lui quand quelque malheureux en avait besoin. On remarque spécialement qu'ayant une fois ramassé jusqu'à trente sous, somme considérable par rapport à lui, et bien plus encore dans un temps et dans un pays où l'argent était fort rare, il donna tout à un pauvre qui lui parut plus malheureux. Il n'y a point de doute que ce sacrifice n'ait été très-agréable à celui qui récompense un verre d'eau froide donné en son nom ; et l'on peut croire que le choix que Dieu fit de lui longtemps après, pour soulager un nombre presque infini de malheureux, en fut la récompense.

Le bon cœur ne fut pas la seule qualité que l'on remarqua dans le jeune Vincent. La pénétration et la vivacité de son esprit percèrent bientôt les ténèbres de son éducation. Son père, qui en fut frappé comme les autres, résolut de le faire étudier.

Vincent avait environ douze ans quand son père le mit en pension chez les pères cordeliers de Dax. Ils furent surpris et de l'ardeur avec laquelle il dévora les premières difficultés de la grammaire, et du succès que le Seigneur daigna donner à son travail. Mais ils admirèrent encore plus sa piété, sa sagesse, la pureté de ses mœurs. En quatre ans, le saint jeune homme se rendit capable d'instruire les autres. M. Comet, célèbre avocat de Dax et juge de Pouy, fut si touché du témoignage qu'on lui en rendit, qu'il le chargea de l'éducation de ses deux enfans. Ce petit poste le mit en état de poursuivre ses études, sans être à charge à sa famille. Il les continua en effet pendant cinq ans. Sa modestie, sa prudence, sa maturité bien au-dessus de son âge, firent juger à ceux qui le voyaient de plus près, qu'une lampe dont la lumière était déjà si vive pourrait très-utilement servir dans la maison du Seigneur. On le détermina donc à embrasser l'état ecclésiastique, pour se consacrer plus particulièrement à Dieu. Il y consentit enfin, et il reçut, le 20 décembre 1596, la tonsure et les ordres mineurs.

L'engagement qu'il prit avec Dieu ne fut pas chez lui, comme chez tant d'autres, une vaine cérémonie où les expressions de la bouche sont démenties par le langage du cœur. Il ne regarda le progrès qu'il avait fait jusque-là dans la science et dans la vertu, que comme un essai de celui qu'il devait faire dans la suite. Pour y réussir, il quitta son pays, et, avec l'agrément de son père, qui fit un nouvel effort pour seconder les intentions d'un fils si cher, il commença son cours de théologie. Après avoir étudié quelque temps à Saragosse, il revint en France, et reprit à Toulouse le cours de ses études théologiques.

S'il eut de grands succès, il ne les eut pas sans peine. Au lieu de se délasser un peu pendant les vacances, il fut obligé de se retirer dans la ville de Buset, et de s'y charger de l'éducation d'un bon nombre d'enfans de condition. Les parens les confiaient avec plaisir à un homme dont la vertu et la capacité étaient publiquement reconnues. En peu de temps, la nouvelle pension devint si florissante, qu'elle fut bientôt composée de tout ce que la province avait de meilleur et de plus distingué. Vincent, qui voulait, à quelque prix que ce fût, achever son cours, et faire une étude solide de théologie, revint à Toulouse avec ses pensionnaires. Maître et disciple à-la-fois, pour remplir tous ses devoirs, il se couchait tard, il se levait de grand matin; il ne connaissait aucun de ces divertissemens que l'indolence regarde comme un soulagement nécessaire. Avec ce sage ménagement, il fit face à tout, et il instruisit les autres, sans cesser de s'instruire lui-même. Il fit sept années de théologie, et fut reçu bachelier.

Quelque ardeur qu'eût fait paraître notre saint pour l'étude de la théologie, il ne s'y était pas livré jusqu'à contracter cet esprit de langueur, qui fait à la piété des brèches que ne peut réparer la science la plus étendue. Le désir qu'il avait d'apprendre fut toujours subordonné au désir qu'il avait de se sanctifier. Ainsi, pour s'unir de plus en plus à Dieu, il reçut à Tarbes le sous-diaconat, le 19 septembre 1598, et le diaconat trois mois après. Le sacerdoce, après lequel plusieurs courent avec une espèce de fureur, l'effrayait par ses suites et ses engagemens ; il n'osa y monter qu'une année après que son évêque lui en eut accordé la permission.

Guillaume de Paule, qui fondait sur lui ses plus belles espérances, n'eut pas même la consolation de le voir prêtre : Dieu disposa du père plus d'un an avant l'ordination du fils. Celui-ci ne s'en consola que dans l'espérance de pouvoir bientôt offrir, pour le repos de son âme, la victime adorable qui efface les péchés du monde. On n'a pu jusqu'ici savoir bien sûrement ni le jour, ni le lieu, où il offrit, pour la première fois, cet auguste sacrifice. Ce qu'on a su c'est qu'il fut si pénétré de la grandeur de cette action toute divine, que, n'ayant pas le courage de célébrer en public, il choisit, pour le faire avec moins de trouble, une chapelle écartée, où il se trouva seul avec un prêtre pour l'assister, selon la coutume, et un clerc pour le servir. Quelle leçon pour tant de nouveaux prêtres, qui, moins vertueux que ne l'était Vincent de Paule, ne paraissent jamais plus dissipés que dans ce jour précieux, où ils devraient se livrer tout entiers au saint amour, à la frayeur, au plus profond recueillement !

Quelques mois après, il fit un voyage qui aurait été pour lui le comble du malheur, si les saints ne savaient pas trouver leur consolation dans l'exécution des ordres les plus rigoureux de la Providence. Une personne pieuse, qui savait estimer la vertu, et admirait celle de Vincent de Paule, l'institua son héritier. Il lui devait, en conséquence, revenir douze ou quinze cents livres d'un homme qui s'était retiré à Marseille, il l'y suivit, et se contenta de trois cents écus.

Lorsqu'il était sur le point de s'en retourner par terre à Toulouse, un gentilhomme du Languedoc l'invita à prendre avec lui la voie de la mer. C'était au mois de juillet. Le temps était favorable à la navigation, et dès le jour même on comptait arriver à Narbonne. Dieu avait réglé les choses d'une manière bien différente. Les richesses de l'Afrique et de l'Asie que les marchands viennent échanger à Beaucaire contre celles de l'Europe, attirent communément dans le golfe de Lyon un bon nombre de corsaires barbaresques. Trois brigantins turcs attaquèrent le bâtiment qui portait Vincent de Paule, et s'en emparèrent après une résistance inutile. Ses nouveaux maîtres enchaînèrent leurs prisonniers, et continuèrent leur brigandage pendant sept ou huit jours. Enfin, chargés de butin, ils prirent la route de Tunis, et ils y exposèrent en vente leurs marchandises : sous ce nom, les hommes vont de pair avec les bêtes. Vincent fut d'abord acheté par un pêcheur; mais celui-ci le revendit un mois après à un vieux médecin chimiste. Le saint passa, chez ce dernier patron, d'une extrémité à l'autre. Il était tous les jours sur mer avec son pêcheur : chez son médecin, il se trouva obligé d'entretenir le feu de dix ou douze fourneaux. Notre saint en parle comme d'un homme fort savant. Le médecin traita toujours son captif avec beaucoup d'humanité. Cent fois il lui offrit de partager avec lui ses biens et ses plus belles connaissances, à cette seule condition qu'il renoncerait à l'évangile pour embrasser la loi de Mahomet. Mais ce digne prêtre de Jésus-Christ aima mieux porter ses chaînes que d'en être déchargé à ce prix.

Il y avait déjà près d'un an qu'il demeurait à Tunis, lorsque Achmet Ier, informé des talens de son maître, lui donna ordre de se rendre à Constantinople afin d'y travailler pour lui. Le médecin mourut dans le voyage. Il laissait un neveu à Tunis; et, comme les esclaves font partie du bien de celui qui les possède, Vincent l'eut pour troisième maître. Mais, le bruit ayant couru que l'ambassadeur du roi très-chrétien avait obtenu du grand-seigneur la liberté de tous les esclaves français, ceux des Tunisiens qui en eurent les premières nouvelles, se hâtèrent de se défaire de leurs captifs. Vincent changea donc encore une fois de patron, et la Providence sembla le traiter avec plus de rigueur qu'elle n'avait fait jusqu'alors. Il tomba entre les mains d'un renégat, originaire de Nice en Provence.

Ce quatrième maître mena notre saint dans un lieu qu'il faisait valoir comme fermier du prince, et le fit travailler à la terre. Relégué dans ce lieu sec et désert, il semblait devoir perdre jusqu'à l'espérance de recouvrer jamais sa liberté. Mais il est un Dieu qui change les obstacles en moyens, et qui, pour briser les chaînes, n'emploie souvent que la main qui les a forgées.

Le renégat avait trois femmes. La seconde, qui était turque de naissance et de religion, fut celle qui servit d'instrument à la miséricorde divine. Elle aperçut, dans la modestie et la patience de son esclave, quelque chose de grand, à quoi elle n'était point accoutumée. Comme elle entrevit que ce fonds inaltérable de paix et de douceur ne pouvait naître que d'un principe supérieur aux forces de la nature, elle faisait à Vincent une infinité de questions sur la loi des chrétiens, leurs usages et leurs cérémonies. Un jour elle lui commanda de chanter les louanges du Dieu qu'il adorait. A cet ordre imprévu, il se rappela d'abord ces touchantes paroles que dictait la douleur aux enfans d'Israël lorsqu'ils étaient captifs à Babylone, comme il l'était lui-même en Barbarie. « Comment, dans l'abattement où nous sommes, pourrions-nous répéter les cantiques du Seigneur que nous chantions à Jérusalem? Comment chanterions-nous les louanges du Dieu d'Israël dans une région étrangère? » Cette pensée et les larmes dont elle fut suivie, ne l'empêchèrent pas de commencer le psaume : *Super flumina Babylonis*, et ensuite le *Salve Regina*. Après quelques autres chants semblables, dont la mahométane fut extrêmement frappée, il lui parla de la grandeur et de l'excellence de la religion chétienne.

Cette femme s'en retourna chez elle surprise et charmée de ce qu'elle venait d'entendre. Sans trop penser aux conséquences, elle déchargea son cœur à son mari : et après lui avoir rendu à sa manière l'entretien qu'elle avait eu avec Vincent de Paule, elle lui dit sans détour qu'il avait eu grand tort de quitter sa religion ; que, sur le récit qu'on venait de lui en faire, elle l'avait trouvée extrêmement bonne, et que le Dieu des chrétiens méritait de n'être pas abandonné. Un début de cette nature devait naturellement aigrir l'apostat. Mais, si l'on est maître de quitter sa première vocation, on n'est pas maître d'étouffer les cris de la conscience. Le rénégat confus ne répliqua rien. Dès le lendemain, il s'ouvrit à Vincent ; il l'assura qu'il saisirait sans délai la première occasion de s'échapper avec lui, et qu'il s'arrangerait de manière à la trouver en peu de jours. Ce peu de jours dura dix mois : mais enfin les momens de la Providence arrivèrent. Le maître et l'esclave s'embarquèrent sur un petit esquif. L'entreprise était hasardeuse. Les dangers ne les arrêtèrent pas. Ils mirent leur sort entre les mains de Dieu. Tout leur réussit ; et, dès le 28 juin 1606, ils arrivèrent à Aigues-Mortes, d'où ils se rendirent à Avignon.

Le rénégat s'y réconcilia avec l'église. Montorio, vice-légat qui conçut pour Vincent une estime singulière, l'emmena avec lui à Rome.

Arrivé dans la capitale du monde chrétien, il n'y donna rien à la curiosité, mais en récompense il donna sans réserve à sa piété tout ce qui pouvait l'entretenir. Il visita les églises et les catacombes. Trente ans après, il ne parlait qu'avec une tendre effusion du bonheur qu'il eut alors de marcher sur une terre consacrée par le sang d'une infinité de martyrs.

Vincent ne se borna point à ces occupations. Comme, après avoir rempli ce qu'il devait à la religion et à la bienséance, il lui restait encore assez de temps libre, il reprit ses études. Le vice-légat le logeait, lui donnait sa table et fournissait à son entretien. Il l'admirait de plus en plus; il en parlait avec éloge toutes les fois que l'occasion s'en présentait; mais ce fut cela même qui le lui fit perdre plus tôt qu'il n'aurait voulu.

Il y avait alors à Rome plusieurs ministres français chargés auprès de Paul V des affaires du roi. Quelques-uns d'eux, et peut-être tous ensemble, voulurent voir un homme dont le vice-légat disait tant de bien. Il parut : on l'entretint à diverses reprises, il fut goûté; on crut pouvoir s'ouvrir à lui. Il fut chargé d'une mission importante qui demandait du secret, de la sagesse, et un homme qui, étant parfaitement instruit, pût en conférer avec le roi aussi souvent que ce prince le jugerait à propos.

Le saint arriva en France vers le commencement de l'année 1609. Il eut l'honneur d'entretenir Henri IV autant de temps qu'en demandait l'affaire pour laquelle on l'avait envoyé. Ce grand prince, qui se connaissait parfaitement en hommes, fut fort content de ce nouveau député, et l'on ne douta point que, pour peu qu'il fût assidu à faire sa cour, il ne fût bientôt récompensé. Mais Vincent, quoique dénué de fortune, avait des sentimens plus nobles; et, si Louis XIII ne l'eût prévenu en le nommant à l'abbaye de Saint-Léonard de Chaume, il eût mieux aimé vivre pauvre entre les bras de la Providence, que de s'exposer à l'air contagieux de la cour, pour parvenir à la richesse.

En attendant que Dieu manifestât ses desseins sur lui, il commença par remplir les devoirs généraux de la piété chrétienne. Il visitait exactement les malades de l'hôpital de la Charité; il leur faisait des exhortations touchantes; il les servait comme ses frères, avec toute l'attention possible.

Il n'y avait pas un an qu'il était à Paris, lorsque sa patience fut mise à une épreuve capable de lui faire regretter les chaînes qu'il avait portées en Barbarie.

Il était logé dans une chambre commune, avec le juge de Sore, petit lieu situé dans le voisinage de Pouy. Ce juge, étant un jour sorti de grand matin, oublia de fermer une armoire où il avait déposé son argent. Le saint, qui devait prendre médecine, resta au lit. Celui qui la lui apporta, cherchant un verre de tous côtés, trouva le dépôt, s'en saisit, et l'emporta en conservant un grand air de sérénité : la somme montait à quatre cents écus.

Le juge, à son retour, surpris de ne plus trouver sa bourse la demanda sur-le-champ, et bientôt après avec emportement. Vincent, qui n'avait rien aperçu de ce qui s'était passé, lui répondit qu'il ne l'avait ni prise, ni vu prendre. C'en fut assez pour redoubler la mauvaise humeur de son compatriote. Il éclata sans ménagement. Le silence du saint, sa patience, lui tinrent lieu de preuve. Il commença par le chasser de sa compagnie, et ce traitement indigne fut seulement le prélude d'une vengeance plus complète. Il le décria partout comme un scélérat consommé.

Dans une conjoncture si affligeante pour un jeune étranger et pour un prêtre qui a besoin de toute sa réputation, Vincent ne perdit point la paix du cœur. Sa réponse constante fut que celui qui devait le juger un jour connaissait la vérité et son innocence; il conserva une si parfaite égalité d'esprit que les gens de bien qui l'étudièrent de près, estimèrent plus que jamais sa vertu.

Celui de tous qui l'admira le plus, mais beaucoup trop tard, fut le juge même qui l'avait si cruellement traité. Le voleur qui, comme lui, était du côté de Bordeaux, y fut mis en prison pour quelque nouveau crime. Il connaissait parfaitement le juge de Sore, et il n'ignorait pas que la bourse dont il s'était saisi lui appartenait. Pressé des remords de la conscience, qui, d'ordinaire, parle plus haut dans le temps de la tribulation, il le fit prier de se rendre auprès de lui. Il s'avoua coupable du vol dont Vincent de Paule avait été chargé et il lui promit une pleine restitution. Ce magistrat sentit alors toute l'indignité de sa conduite. Pour soulager sa peine, il conjura, par une longue lettre, notre saint de lui envoyer sa grâce, en protestant que, s'il la lui refusait, « il viendrait en personne à

Paris se jeter à ses pieds, et la lui demander la corde au cou. » Ce sont ses propres termes. Le saint prêtre lui épargna une démarche si humiliante.

Le bon usage que fit Vincent de l'injurieuse accusation du juge de Sore, ne l'empêcha pas de reconnaître que le commerce des séculiers expose un prêtre à une foule d'inconvéniens. Il chercha donc un lieu de retraite où il pût travailler plus aisément à son salut, et se disposer à opérer celui des autres. Dans cet intervalle dont nous venons de parler, sa vertu rencontra une nouvelle occasion de faire éclater la vivacité de sa foi et l'ardeur de sa charité.

A son arrivée à Paris, il prit toutes les mesures possibles afin d'y vivre dans l'obscurité. Il remplaça son nom de famille, qui lui parut sonner trop bien, par celui de son baptême; et c'est presque le seul sous lequel il ait été connu. Il se donna pour un pauvre écolier qui savait à peine les élémens de la grammaire. Enfin, il s'efforça d'obscurcir sa vertu, et il ne parla de lui que comme du dernier des hommes.

Mais ceux même des séculiers qui l'examinèrent de plus près, percèrent le nuage dans lequel il tâchait de s'envelopper. De ce nombre fut un secrétaire de la reine Marguerite, nommé Du Fresne, homme pieux et rempli de probité. Il conçut beaucoup d'estime pour Vincent, et il en rendit compte à la princesse d'une manière si avantageuse, qu'elle le fit mettre sur l'état de sa maison, en qualité de son aumônier ordinaire.

Ce fut dans ce nouvel emploi que notre saint donna une preuve de charité dont il n'y a que très-peu d'exemples dans l'histoire.

La reine Marguerite, qui aimait les conversations savantes, avait auprès d'elle un ancien théologal qui s'était distingué par son zèle et par ses travaux contre les hérétiques. Le repos dont il jouissait dans ce changement d'état lui devint funeste. Sa foi s'ébranla peu à peu. Son cœur fut bientôt en butte à tous les traits de l'infidélité. Le nom de Jésus-Christ, si propre à ranimer la confiance, faisait naître en lui des mouvemens de fureur et de blasphème qu'il ne pouvait presque réprimer. Une situation aussi violente enfanta le désespoir. L'infortuné théologal voulut plus d'une fois se précipiter par les fenêtres. Enfin la nature succomba. Le trouble de l'âme produisit le dérangement du corps. Plus les forces diminuaient d'un côté, plus la tentation redoublait de l'autre. L'esprit malin l'assaillit avec plus de furie que jamais, et il mit tout en œuvre pour lui inspirer la haine implacable qu'il porte au Fils de Dieu. Vincent fut touché de voir son ami dans un état si pitoyable. Pour fléchir la miséricorde de Dieu, il se mit en oraison, et, imitant en quelque sorte la charité du Sauveur, qui a pris sur lui nos faiblesses, pour nous en guérir, il s'offrit au Seigneur en esprit de victime. Il consentit à se charger, pour dédommager sa justice, de supporter lui-même ou ce genre d'épreuve, ou toute autre peine dont Dieu voudrait l'affliger.

Une prière si animée, si fervente, fut exaucée dans toute son étendue. Le malade fut entièrement délivré de sa tentation. Sa tendresse pour Jésus-Christ fut plus vive que jamais; et, jusqu'à sa mort, il bénit Dieu de ce qu'il avait proportionné la consolation aux rigueurs de sa conduite passée.

Mais la tentation du théologal passa dans l'âme de Vincent de Paule aussi rapidement que la lèpre de Naaman attaqua Giézi. Les premières impressions d'un mal qu'on ne sent jamais si bien que lorsqu'on en est atteint personnellement, parurent l'étonner. Le nouveau Job semblait être en proie à toutes les fureurs du démon: mais, bien loin de perdre courage, il sut se les rendre salutaires. Pour cela, il se fit une loi d'agir toujours en sens contraire de ce que l'esprit séducteur lui suggérait. Pendant quatre ans qu'il eut à gémir sous le poids de ce rigoureux exercice, il rendit avec une nouvelle ardeur au Fils de Dieu tout l'honneur qu'il put lui rendre; et, dans les hôpitaux, il le servit en la personne des pauvres, avec une ferveur de zèle dont la foi la plus tranquille est à peine capable. Enfin, Dieu lui rendit la paix, et ce fut un nouvel effort de charité qui la lui mérita. Un jour, qu'il était tout occupé de la violence de son mal, et des moyens de l'arrêter, il prit une ferme et inviolable résolution de se consacrer toute sa vie au service des affligés. A peine eut-il formé ce grand dessein, que la tentation s'évanouit, et son cœur goûta une douce et parfaite liberté. Il reçut même le don de calmer ceux que Dieu éprouvait comme il l'avait éprouvé lui-même. C'est de quoi un vertueux prêtre, qui le savait par expérience, a rendu témoignage. La suite de son histoire ne nous permettra point d'en douter.

Quelque temps après, Vincent fut chargé de la cure de Clichy, village situé à une lieue de la capitale. Il fit bientôt connaître combien il était propre à cet emploi. Les prônes, les catéchismes, l'assiduité au tribunal de la pénitence, étaient son occupation ordinaire. On le voyait visiter les malades, consoler les affligés, soulager les pauvres, entretenir la paix dans les familles, fortifier les faibles, s'efforcer enfin de gagner tous les cœurs à Jésus-Christ.

Le moyen le plus efficace, celui qui donna plus de poids à ses discours, fut le bon exemple. Mais, parce qu'une extrême régularité a quelque chose qui effarouche, il la tempéra par des attentions de douceur et d'affabilité. Il peignait la vertu avec des couleurs si belles, qu'elle paraissait pleine d'agrémens. Une conduite aussi sage lui concilia les esprits et les cœurs. Les pauvres gens, qui composaient presque tout son troupeau, l'aimaient comme leur père; et les bourgeois de Paris, qui avaient des maisons de campagne dans sa paroisse, le respectaient comme un véritable saint.

Lorsqu'il vit son peuple docile à ses réglemens, il forma un dessein dont l'exécution devait être fort difficile. Son église tombait en ruine:

il n'y avait que très-peu d'ornemens, et ses paroissiens, qui n'étaient pas riches, ne pouvaient, sans se gêner beaucoup, contribuer à une réparation qui demandait de grands frais. Vincent était lui-même pauvre, et il ne pouvait manquer de l'être, parce qu'il était dans l'usage de tout donner à ceux qu'il voyait dans l'indigence. Ces obstacles ne l'arrêtèrent point : il fit rebâtir son église tout entière; il la fournit de meubles et d'ornemens, et la mit en état de faire les offices avec cet air de décence qui contribue à la dignité du culte et à l'édification des peuples. Ce qu'il y eut de singulier, c'est que la dépense ne fut nullement à la charge de ses paroissiens. Un nombre d'hommes vertueux qui demeuraient à Paris, se prêtèrent à ces œuvres de piété, et ils se firent un plaisir de seconder les bonnes intentions d'un homme qui ne cherchait que la gloire de Dieu.

Pour l'accroître de plus en plus, il établit la confrérie du Rosaire, bien persuadé que l'honneur rendu à la Mère de Dieu ne peut qu'être très-agréable à son fils. Dans la suite, il porta son successeur à élever plusieurs jeunes clercs qui pussent faire les cérémonies de l'Eglise d'une manière digne de la majesté de celui que l'on y adore. Il choisit lui-même, à Paris et ailleurs, ceux qu'il jugea plus capables de réussir. Ainsi, quoique obligé, plus tôt qu'il n'avait cru, à quitter un peuple si cher, il continua de remplir à son égard tous les devoirs d'un pasteur aussi tendre que désintéressé. Nous allons rendre compte des motifs qui le forcèrent à se séparer de son troupeau.

Si la piété fut assez rare à la cour pendant la minorité de Louis XIII, il s'y rencontra cependant des personnes dont la régularité aurait pu servir de modèle dans des temps plus heureux. On doit mettre de ce nombre Philippe-Emmanuel de Gondi, comte de Joigni, général des galères de France. Ce seigneur fit choix de Vincent pour élever ses enfans. Notre saint accepta, quoiqu'avec peine, et dès la fin de 1613, il commença l'éducation de MM. de Gondi.

Pour se sanctifier dans ce nouvel emploi, il se proposa d'honorer Jésus-Christ en la personne de M. de Gondi, la sainte Vierge en celle de sa vertueuse épouse, et les disciples du Sauveur en celle des officiers et des domestiques inférieurs. Il avouait de bonne foi que cette manière d'agir, qui paraît la simplicité même, lui avait beaucoup servi; et qu'en ne voyant que Dieu, sous différens rapports, dans toutes les personnes avec lesquelles il traitait habituellement, il s'était efforcé de ne rien faire devant les hommes qu'il n'eût fait devant le Fils de Dieu, s'il avait eu le bonheur de converser avec lui, pendant les jours de sa vie mortelle.

Quoiqu'une maison comme celle du général des galères, où il se trouvait un monde infini, exposât naturellement à la dissipation, le saint y vivait en partie comme s'il eût vécu dans les déserts de la Thébaïde. Il avait grand soin de ne se mêler que de ce qui regardait l'éducation de ses élèves. Il ne paraissait devant leurs parens que lorsqu'il y était appelé. Sa maxime était qu'on ne tient pas long-temps contre les dangers dont les maisons des grands sont remplies, quand on ne se prépare point par le silence et le recueillement à y résister. Cependant il sacrifiait sans délai les douceurs de sa retraite aux premiers besoins du prochain. Il entretenait la paix parmi les domestiques; il les visitait lorsqu'ils étaient malades, et, après les avoir consolés, il leur rendait les services les plus bas. Quelques jours avant les fêtes solennelles, il les assemblait tous : il les instruisait de la grandeur du mystère dont l'Eglise devait s'occuper. Il leur apprenait à sanctifier ces jours précieux, qui, par un malheur qu'on ne peut trop déplorer, sont pour la plupart des maîtres et de ceux qui les servent, des jours de libertinage, ou au moins d'oisiveté. Il suivait la même méthode à la campagne; mais il y donnait plus d'étendue à son zèle. Lorsque le général des galères le menait avec sa famille dans ses terres, il donnait tout le temps qui lui restait libre à l'instruction des villageois qui, d'ordinaire, en avaient grand besoin. Il prêchait et faisait le catéchisme; il administrait les sacremens, et surtout celui de la pénitence : en un mot, il faisait pour eux tout ce que le pasteur le plus tendre, le plus actif, peut faire pour son troupeau.

On juge aisément qu'un homme si zélé pour le salut de tous ceux qui appartenaient à la maison de Gondi, ne négligeait pas ceux qui en étaient les chefs. Il ne laissait passer aucune occasion d'entretenir et d'animer les grandes dispositions qu'ils avaient à la vertu. Son respect pour eux n'était point mêlé de cette basse et timide complaisance qui fait dissimuler le mal, qu'une fermeté tempérée par de justes ménagemens pourrait arrêter. En voici un exemple bien glorieux pour lui. M. de Gondi reçut ou crut avoir reçu un insigne affront d'un seigneur de la cour. Sa vertu et sa délicatesse de conscience se brisèrent contre cet écueil si funeste à tant d'autres. La gloire de sa maison, le souvenir du courage invincible du maréchal de Retz son père, le haut rang qu'il tenait lui-même dans le royaume, tous ces motifs se présentèrent à son imagination, et le déterminèrent à laver dans le sang de son ennemi l'outrage qu'il prétendait en avoir reçu. Les duels, quoique défendus récemment encore par Henri IV, sous peine de crime de lèse-majesté, étaient alors si communs, qu'à peine s'en faisait-on un scrupule.

M. de Gondi suivit l'usage du temps : il entendit la messe avec toute la dévotion d'un homme résolut de se battre un moment après. Il resta même dans la chapelle plus long-temps qu'à l'ordinaire. Vincent de Paule saisit ce moment : « Souffrez, Monsieur, dit-il au général, en tombant à ses pieds, souffrez que je vous dise un mot en toute humilité. Je sais de bonne part que vous avez dessein d'aller vous battre en duel; mais je vous déclare, de la part de mon Sau-

-veur, que vous venez d'adorer, que si vous ne quittez ce mauvais dessein, il exercera sa justice sur vous et sur toute votre postérité. » Après ces paroles, auxquelles le feu de la charité donnait un nouveau prix, Vincent se retira comme un homme accablé à-la-fois de tristesse et d'horreur, bien résolu sans doute de faire quelque chose de plus, si ce qu'il avait fait ne suffisait pas. Mais il n'en fallut pas davantage. La conscience parla, et M. de Gondi abandonna son funeste projet.

Si cette action fit beaucoup d'honneur à notre saint, la totalité de sa conduite ne lui en faisait pas moins. Sa régularité, sa modestie, son adresse à bannir même de la table les discours inutiles, et à leur en substituer sans affectation de plus édifians; ses vertus, en un mot, lui gagnèrent tous les cœurs. Il n'y avait qu'une voix pour son compte dans toute la famille, et jamais aumônier de grand seigneur ne fut plus universellement respecté.

Madame de Gondi en connut le prix mieux que personne; et il n'y avait peut-être pas un an qu'il était dans sa maison, lorsqu'elle le prit pour son directeur.

Quelque vertueuse que fût la générale lorsqu'elle se mit sous la conduite de Vincent de Paule, on vit bientôt ce que peut, en matière de direction, un homme rempli de l'esprit de Dieu, et qui ne cherche que sa gloire. Madame de Gondi se porta avec une nouvelle ardeur à la pratique des plus sublimes vertus. Outre les grandes aumônes qu'elle répandait, surtout dans ses terres, elle visitait exactement les malades, et se faisait un honneur de les servir.

Un jour Vincent était avec la générale au château de Folleville; on vint le prier d'aller à Gannes, petit village qui en est éloigné d'environ deux lieues. Il s'agissait de confesser un paysan dangereusement malade, et qui avait témoigné qu'il mourrait content s'il avait l'avantage de s'ouvrir à notre saint prêtre. Vincent ne différa point à s'y transporter. Les voisins du moribond lui en firent un portrait avantageux. Dieu, qui voit les cœurs, n'en jugeait pas comme les hommes, qui ne voient que les apparences. Le malheureux paysan avait la conscience chargée de plusieurs péchés mortels, qu'une mauvaise honte l'avait toujours empêché de découvrir. Le saint, ayant commencé à l'entendre, eut la pensée de le porter à faire une confession générale. Cette pensée venait de Dieu. Le malade, encouragé par la douceur avec laquelle son nouveau directeur le traitait, fit un effort, et déclara enfin ses misères secrètes, qu'il n'avait jamais eu la force de découvrir à personne. Cette droiture, si nécessaire à un homme qui était sur le point de tomber entre les mains du souverain juge, fut suivie d'une consolation qu'on ne peut exprimer. Le pénitent se trouva déchargé d'un poids énorme qui l'accablait depuis plusieurs années. Ce qu'il y eut de particulier, c'est qu'il passa d'une extrémité à l'autre, et que, pendant trois jours qu'il vécut encore, il fit plusieurs fois une espèce de confession publique de ses désordres, qu'il avait si long-temps supprimés dans le tribunal même de la pénitence. La comtesse de Joigni l'ayant visité, selon sa coutume : « Ah! Madame, s'écria-t-il dès qu'il l'aperçut, j'étais damné si je n'eusse fait une confession générale, à cause de plusieurs gros péchés dont je n'avais pas osé me confesser. » Ce pénible aveu édifia ceux qui en furent témoins; mais la comtesse, qui, par rapport aux affaires du salut, avait des lumières bien supérieures à celles de la multitude, en fut tout effrayée. « Qu'est-ce que cela, Monsieur, dit-elle à Vincent de Paule? Que venons-nous d'entendre? Qu'il est à craindre qu'il n'en soit ainsi de la plupart de ces pauvres gens! Ah! si cet homme, qui passait pour homme de bien, était en état de damnation, que sera-ce des autres qui vivent plus mal? Ah! Monsieur, que d'âmes se perdent! Quel remède à cela? »

En conséquence de ces réflexions, elle pria le saint de faire au peuple de Folleville un petit discours sur l'utilité des confessions générales. Il le fit le 25 de janvier 1617, jour où l'Eglise honore la conversion de saint Paule; et Dieu donna tant de force à ses paroles, que chacun s'empressa de repasser toutes ses misères dans l'amertume de son cœur. Après les avoir solidement instruits, Vincent se mit à les entendre; mais la foule fut si grande, qu'il fut obligé de chercher du secours à Amiens. Deux autres prêtres se joignirent à lui. La moisson fut si abondante, que ces trois ouvriers, qui voulaient la recueillir tout entière, n'avaient presque pas un moment à eux. Dès qu'ils eurent fini à Folleville, ils recommencèrent dans les autres villages du même canton. Le concours y fut égal, et Dieu y répandit les bénédictions les plus abondantes.

Cette mission de Folleville est la première que Vincent de Paule ait faite. Chaque année, le 25 de janvier, il en célébrait la mémoire avec les sentimens de la plus vive reconnaissance, et il rendait à Dieu de très-humbles actions de grâces de ce que le jour de la conversion de saint Paul fût celui où sa congrégation avait en quelque sorte été conçue.

La joie que ressentait la pieuse générale, à la vue des grands biens que notre saint venait de faire dans une partie de ses domaines, fut troublée bientôt après par une des plus rudes épreuves qu'elle eût jamais essuyées; et cette épreuve rigoureuse lui vint du côté de l'homme du monde qui l'honorait davantage, je veux dire du côté de Vincent de Paule.

Quoique ce digne prêtre eût enlevé les suffrages de toute la maison de Gondi aussitôt qu'il eut été connu, cependant sa vertu, qui paraissait tous les jours avec un nouvel éclat, la bénédiction sensible que Dieu répandait sur les terres les plus ingrates, dès qu'il avait entrepris de les cultiver; en un mot, sa charité, ses travaux, ses succès, firent une si grande impression sur ceux avec lesquels il vivait, qu'on le regardait unanimement comme l'ange tutélaire de la famille. Quelques précautions qu'on prît pour ne point alarmer sa modestie, on le traitait avec une distinction si marquée, que les étrangers mêmes connaissaient d'abord le jugement qu'on portait de lui. Ces sentimens, qui eussent flatté un homme moins solidement vertueux, étaient pour lui un supplice. Il appréhenda que l'écueil de la vaine gloire ne lui fît faire le même naufrage qu'il a occasionné à tant de personnes qui paraissaient consommées dans la vertu. L'exemple d'un grand nombre de saints qui, dans des conjonctures peut-être moins périlleuses, ont cru devoir prendre le parti de la retraite, se présenta fortement à son esprit, et il résolut de l'imiter.

On lui proposa d'aller à Châtillon-lès-Dombes, où on l'assura qu'il trouverait de quoi s'occuper, et certainement on ne le trompa pas. Depuis près d'un siècle, cette ville, livrée à des mercenaires qui n'y venaient que pour en tirer le revenu, n'avait, à proprement parler, ni curé, ni pasteur.

Vincent accepta cet emploi; et, étant sorti de Paris, sous prétexte d'un petit voyage qu'il avait à faire, il prit sa route par Lyon. Un prêtre de l'Oratoire lui donna des lettres de recommandation pour le sieur Beynier, qui, quoique calviniste, le logea pendant quelque temps, parce que le presbytère était presque ruiné. Beynier reçut au centuple le fruit de ses soins charitables, comme nous le dirons un peu plus bas.

Quelques jours après son arrivée à Châtillon, le saint en donna avis au général des galères, qui était alors en province, et le supplia d'agréer sa retraite. Le général, qui aimait la vertu et qui comptait y faire de nouveaux progrès sous les auspices de Vincent, fut très-affligé de sa retraite, ou plutôt il en fut inconsolable.

Le tableau qu'on avait fait à Vincent de la ville de Châtillon ne pouvait être plus ressemblant. A Dieu ne plaise que nous exagérions le mal dans la vue d'honorer celui dont Dieu s'est servi pour en arrêter le cours! Nous le diminurons, au contraire, et nous ne donnerons ici qu'un extrait très-modéré du procès-verbal fait à Châtillon, et signé par les principaux habitans du lieu. C'est d'eux-mêmes que nous avons appris le pitoyable état où était cette ville, quand Vincent s'y établit. Chacun y donnait du scandale à sa manière. Six vieux ecclésiastiques, qui faisaient tout le clergé de Châtillon, au lieu de s'opposer au torrent du désordre, le rendaient plus rapide et plus contagieux par leur mauvais exemple.

Dès que Vincent y fut arrivé, il s'appliqua soigneusement à connaître l'état de son troupeau. Ce qu'il en découvrit, et par ses propres yeux et par le rapport de quelques personnes qui s'étaient soutenues dans la piété, l'effraya. Il jugea d'abord qu'il ne ferait rien de solide, s'il n'était puissamment secondé. Dans cette vue, il se rendit à Lyon pour y chercher du secours. Un docteur, nommé Louis Girard, dont le mérite et la vertu étaient connus dans la Bresse, voulut bien s'associer à lui. Ils travaillèrent tous deux, dès le commencement du mois d'août

1617, avec un zèle infatigable et cet heureux concert sans lequel les meilleurs ouvriers ne réussiront jamais. Vincent suivit, à Châtillon, la méthode qui, quelques années auparavant, lui avait réussi à Clichy. Il commença par régler la maison de celui chez qui il demeurait, comme il aurait réglé la sienne propre. On s'y levait à cinq heures. On y faisait ensuite une demi-heure d'oraison. L'office et la sainte messe se disaient à une heure marquée. Nos deux prêtres faisaient eux-mêmes leurs chambres. Il n'y avait ni filles, ni femmes, qui servissent dans la maison. Vincent l'avait obtenu de son hôte.

Le nouveau pasteur fit célébrer l'office divin avec toute la décence possible. Il visitait régulièrement deux fois par jour une partie de son troupeau, et donnait le reste du temps à l'étude ou au confessionnal.

Comme le mauvais exemple d'un seul ecclésiastique fait souvent plus de mal que la conduite édifiante de plusieurs autres ne fait de bien, Vincent ne négligea rien pour réformer les prêtres de sa paroisse. Il porta ceux qui avaient dans leurs maisons des personnes suspectes, à les en bannir pour toujours. Il les détourna entièrement du cabaret et des jeux publics. Il supprima des abus qui, pour être anciens, n'en étaient pas moins ridicules. Il abolit le mauvais usage d'exiger et de recevoir un salaire pour l'administration du sacrement de pénitence. Après avoir retranché les abus, il s'efforça de faire régner l'ordre dans le lieu même où la confusion avait si long-temps régné. Il engagea tous ses prêtres à vivre en communauté, et à donner plus de temps à la piété et au travail qu'ils n'en donnaient auparavant à l'oisiveté et à la bagatelle. Il mania les esprits et les cœurs avec tant de force, d'adresse, de ménagement, que tout lui réussit. Toute la ville fut surprise et édifiée d'une révolution si prompte, si parfaite ; et les plus sages jugèrent qu'un homme, à qui la réforme d'un clergé comme le sien avait si peu coûté, serait assez heureux pour gagner à Dieu sa paroisse tout entière.

L'événement vérifia la conjecture. Après l'arrangement dont nous venons de parler, Vincent s'occupa de l'instruction du peuple et de la conversion des pécheurs. Il parla en chaire avec plus de force et d'onction que jamais, et, dans ses discours pleins de feu, il développa tout ce que l'Ecriture a de plus propre à faire germer la crainte des jugemens de Dieu, et le regret de l'avoir offensé.

Pour soutenir de grandes vérités par de grands exemples, il visitait assidûment les malades, il consolait les pauvres, il se rendait lui-même pauvre à force de soulager. Il communiquait aux autres, et même aux enfans, les sentimens de zèle et d'affection qu'il avait eus dès sa tendre jeunesse pour ces membres souffrans de Jésus-Christ. Son extérieur inspirait la vertu ; il était vêtu très-simplement ; il portait toujours l'habit long et les cheveux fort courts. Il ignorait parfaitement tous ces usages profanes que les mauvais ecclésiastiques appellent modes, et les saints canons, mondanités.

Dieu bénit tant de si sages préparatifs par des succès qui passèrent les plus flatteuses espérances. Prêtres, peuple, pécheurs invétérés, tout rentra dans la voie, et quatre mois n'étaient pas écoulés, qu'on ne trouvait plus Châtillon dans Châtillon même.

Parmi les conversions que Dieu opéra par le ministère de son serviteur, on a toujours remarqué celle de deux jeunes personnes de condition, qui, pleines de l'esprit du siècle, n'avaient jusqu'alors fait qu'un assez mauvais usage des agrémens de leur sexe et des avantages de la fortune. Dès le premier discours que Vincent fit en public, elles conçurent une haute idée de son esprit. Son style impétueux les ébranla, et elles s'arrangèrent pour lui rendre visite. Le saint, qui s'aperçut du trouble qu'il avait fait naître dans leur conscience, leur parla avec tant de force et d'onction, qu'elles prirent sur-le-champ leur parti; et, sans se mettre en peine de ce que le monde pourrait en penser, elles formèrent la résolution de dire un éternel adieu à ses amusemens, et de se consacrer sans réserve au service de Jésus-Christ et des pauvres, qui sont ses membres. Elles l'entreprirent et l'exécutèrent avec une facilité qui les surprit elles-mêmes : leur zèle les rendit dignes d'être à la tête de cette pieuse association que le saint homme établit quelque temps après en faveur des malades, et qui, sous le nom de confrérie de la Charité, a depuis servi de modèle à une infinité d'autres, comme nous le dirons un peu plus bas.

L'éloignement du pasteur, que ces généreuses dames perdirent plus tôt qu'elles n'avaient cru, ne ralentit point leur ferveur primitive. Elles la firent éclater dans une famine qui survint, et, peu de temps après, dans la peste qui désola Châtillon. Le trouble et les alarmes publiques ne leur ôtèrent rien de la présence d'esprit si nécessaire, mais si rare dans ces tristes occasions. Sans vouloir tenter Dieu, elles mirent en lui leur confiance. Elles firent dresser des cabanes auprès de la ville, et s'y logèrent. C'est de là, comme d'une source salutaire et féconde, que coulaient des alimens pour les pauvres et des remèdes pour ceux que la contagion avait attaqués. La Bresse fut attendrie du spectacle que lui donnaient deux personnes si pénitentes après avoir été si mondaines; et on avait peine à retenir ses larmes quand on les voyait passer les jours et les nuits dans des chaumières où la mort étalait ce qu'elle a de plus rigoureux.

La conversion de ces deux dames donna, dans tout le pays, beaucoup de crédit au saint prêtre; mais il n'y en eut point de plus propre à honorer ses travaux, que celle du comte de Rougemont. Ce seigneur, qui avait passé toute sa vie à la cour, en avait pris les maximes, et surtout la fureur d'être toujours prêt à mettre l'épée à la main, soit pour venger ceux de ses amis qui lui demandaient du secours, soit pour terminer ses démêlés personnels. Il s'était rendu la terreur du pays. La réputation de Vincent de Paule s'étant bientôt répandue dans toute la Bresse, le comte voulut connaître un homme dont on lui disait tant de choses extraordinaires. Il lui fit plusieurs visites, et, dans la conversation, il s'ouvrit sans peine sur des excès qui n'étaient ignorés de personne. La parole du serviteur de Dieu fut pour lui ce glaive à deux tranchans dont parle l'Ecriture. Cet homme qui avait fait couler tant de larmes, commença bientôt à en répandre sur lui-même. Sa conscience lui fit horreur; et, pour la calmer au plus tôt, il se livra entièrement à la conduite du saint prêtre. Son retour à Dieu fut aussi parfait qu'il fut rapide, et Vincent eut plus de peine à modérer sa ferveur que les directeurs n'en ont d'ordinaire à l'inspirer à ceux qui en sont dépourvus.

Le château où il demeurait assez habituellement, devint un hospice commun pour les religieux, et une espèce d'hôpital pour tous les pauvres. Sains et malades, ils y étaient traités avec toute l'attention possible. Il n'y en avait aucun dans toute l'étendue de ses terres qu'il n'allât visiter et servir en personne; et, lorsqu'il était obligé de s'absenter, il les faisait visiter et servir par ses domestiques.

Le comte de Rougemont marcha, jusqu'au dernier moment, dans la voie où son directeur l'avait fait entrer. Il fut éprouvé, sur la fin de ses jours, par une longue et fâcheuse maladie; mais son amour fut plus vif que ses douleurs.

Enfin, prêt à partir pour l'éternité, il demanda instamment et reçut avec respect l'humble habit de saint François. Ce sac de pénitence lui parut plus glorieux que toutes les dignités dont il avait été revêtu. Personne ne douta que sa mort ne fût précieuse aux yeux du Seigneur ; chacun le combla de bénédictions ; mais on ne lui en donna jamais sans les faire remonter jusqu'à Vincent de Paule, à qui le comte était, après Dieu, redevable de sa conversion, et sans lequel il aurait bien pu mourir, comme il avait si long-temps vécu, dans le désordre et dans l'impénitence.

Vincent étendit son zèle à ceux que les nouvelles hérésies avaient séparés de l'Eglise. Un des premiers dont il entreprit la conversion fut le sieur Beynier, chez qui il avait logé en arrivant à Châtillon. Ce jeune homme, à l'aide de ses erreurs et d'un bien considérable, menait une vie qui n'était rien moins qu'édifiante. Vincent lui fit sentir le danger auquel son hérésie et ses déréglemens exposaient son salut éternel. Après l'avoir séparé de la compagnie d'une foule de libertins qui l'assiégaient, il lui fit goûter les vérités de la foi, et il eut la consolation de ramener dans le bercail la brebis qui s'en était doublement écartée. Cependant il fit tous ses efforts pour en faire honneur à d'autres, et c'est pour cela qu'il ne voulut pas recevoir son abjuration.

Si le retour de M. Beynier fit beaucoup d'honneur au zèle et à la capacité de Vincent de Paule, la régularité de sa conduite ne lui en fit pas moins. Il se livra tout entier et avec une facilité surprenante, à la pratique des plus grandes vertus du christianisme. Il résolut de garder le célibat pendant toute sa vie. Il rendit, dans une semaine, deux ou trois métairies que personne ne réclamait, mais dont l'acquisition lui paraissait suspecte. Il fut aussi riche envers Dieu qu'il avait été prodigue en dépenses superflues. Enfin, il poussa la libéralité si loin, qu'à force de donner, surtout dans le temps de la peste, qui, quelques années après, désola Châtillon, il devint pauvre lui-même. On remarquera plus d'une fois, dans l'histoire de Vincent de Paule, que la charité pour le prochain était sa vertu favorite, et qu'il avait un talent singulier pour la communiquer à tous ceux qui avaient quelque rapport avec lui.

Vincent étant un jour de fête prêt à monter en chaire, une de ces deux dames dont j'ai parlé plus haut le pria de recommander aux charités de ses paroissiens une famille extrêmement pauvre, dont la plus grande partie était tombée malade à une demi-lieue de la ville. Il le fit avec cette onction qui lui était naturelle, et qui semblait redoubler toutes les fois qu'il s'agissait de l'intérêt de ceux qui étaient dans la misère. Dieu donna tant d'efficacité à ses paroles, qu'après la prédication, un grand nombre de ceux qui l'avaient entendue sortirent pour aller visiter ces pauvres gens. Personne n'y alla les mains vides. Les uns leur portèrent du pain, les autres du vin, et d'autres différens comestibles. Vincent y alla lui-même après vêpres, et fut fort surpris de rencontrer sur le chemin une multitude de personnes qui en revenaient par troupes. Il loua leur zèle, mais il ne le trouva pas assez sage. « Voilà, dit-il, une grande charité; mais elle n'est pas bien réglée. Ces malades auront trop de provisions à la fois. Celles qui ne seront pas consommées sur-le-champ se gâteront, et ces pauvres gens retomberont bientôt dans leur première nécessité. »

Cette première réflexion porta le saint, qui avait un esprit d'arrangement et de système, à examiner par quel moyen on pourrait secourir avec ordre, non-seulement cette famille affligée qui était actuellement l'objet de son zèle, mais tous ceux qui dans la suite se trouveraient dans de semblables besoins. Il communiqua ses observations à quelques dames de sa paroisse qui avaient du bien et de la piété. Chacune d'elles voulut avoir part à une si bonne œuvre, et le saint, pour profiter de ces heureuses dispositions, dressa un projet de règlement dont il voulut qu'on fît l'essai pendant un certain temps, avant d'y faire mettre le sceau par l'approbation des supérieurs eclcésiastiques. Sa maxime était qu'un homme sage doit adapter ses idées à l'expérience, et qu'il y a une infinité de choses qui, quoique fort belles dans la spéculation, ne sont ni possibles ni avantageuses dans la pratique. Aussi il avait grand soin de ne rien arrêter qu'après une épreuve suffisante. C'est ce qu'il fit par rapport au règlement de la nouvelle confrérie; il n'en demanda l'approbation que lorsque près de trois mois d'expérience lui eurent fait connaître qu'il n'y avait rien à risquer; il serait difficile, dit un témoin oculaire, de rapporter tous les biens que cette sainte association a produits, les conversions dont elle a été la source, les secours qu'en ont reçus les pauvres, surtout dans le temps de la contagion dont nous avons parlé. Les habitans de Bourg et des lieux voisins, qui furent informés des avantages qu'elle produisait, en établirent bientôt chez eux de semblables. L'homme de Dieu, que ces premiers succès encouragèrent, la multiplia pendant toute sa vie autant qu'il le put faire. En peu d'années, il l'établit à Villepreux, à Joigni, à Montmirel, et en plus de trente paroisses dépendantes de la maison de Gondi. C'est de là qu'elle a passé non-seulement dans la capitale, mais en Lorraine, en Savoie, en Italie, et en tant d'autres lieux, qu'on ne peut les compter. Mais au moins peut-on en conclure qu'il y a dans une grande partie de l'Europe des milliers de pauvres qui doivent encore aujourd'hui à la charité et à la sage industrie de Vincent de Paule les secours et temporels et spirituels qu'ils reçoivent de la piété des bienfaiteurs.

Le saint était tout occupé du soin de son troupeau, et il recueillait abondamment les fruits de ses travaux, lorsque madame de Gondi, qui n'avait pas un seul instant perdu de vue le dessein de le faire rentrer chez elle, fit, pour l'y déterminer enfin, un nouvel effort qui lui réussit. Elle lui envoya un gentilhomme de sa maison plein d'esprit et de sagesse, et qui, de plus, était son ami particulier. C'était ce même Du Fresne qui avait fait entrer Vincent au service de la reine Marguerite, et que Vincent, à son tour, avait fait entrer chez M. de Gondi, pour être son secrétaire. Vincent, quoique fort maître de lui-même, ne put cacher entièrement l'émotion que lui causa cette dernière tentative. La tristesse et la douleur se peignirent sur son visage. Pour calmer les premiers mouvemens, et se mettre en état de suivre constamment la voix de Dieu, il se rendit à l'église, et s'y jeta aux pieds de ce grand maître qui ne donne jamais que de salutaires conseils. C'était son inviolable coutume : jamais il ne se déterminait sans l'avoir consulté.

Du Fresne, qui craignit d'échouer, entra en conférence avec son ami. S'il ne le convainquit pas entièrement, il fut du moins assez heureux pour le faire convenir de s'en rapporter à des personnes sages, vertueuses, désintéressées. Celles-ci, après de longues et sérieuses discussions, jugèrent en faveur de la maison de Gondi, et Vincent se vit forcé de ne retourner à Châtillon que pour y dire le dernier adieu à ses chers paroissiens. Il les assura, dans une exhortation qu'il fit à ce dessein, que, lorsque la Providence l'avait conduit en Bresse, il n'avait pas cru les devoir jamais quitter ; mais que, puisqu'elle en avait ordonné autrement, c'était à eux, comme à lui, à respecter ses décisions. Il ajouta qu'ils lui seraient toujours présens devant Dieu, et les conjura aussi, à son tour, de ne pas l'oublier dans leurs prières.

S'il est permis à un pasteur de goûter le plaisir d'être tendrement aimé de son peuple, Vincent dut être bien consolé. Il n'eut pas plus tôt annoncé son départ, que les larmes coulèrent des yeux de tous les assistans. Il y en eut plusieurs qui furent si peu maîtres de leur douleur, qu'ils la firent éclater par des cris. Chacun crut avoir tout perdu en perdant l'homme de Dieu et du prochain.

Tout ce que nous venons de rapporter est tiré des deux procès-verbaux qui furent faits à Châtillon, environ quatre ans après la mort du serviteur de Dieu. Le second finit par ces belles paroles : « Enfin les soussignés disent qu'il serait impossible de marquer tout ce qui a été fait en si peu de temps par M. Vincent, et qu'ils auraient même de la peine à le croire, s'ils ne l'avaient vu et entendu. Ils en ont une si haute estime, qu'ils n'en parlent que comme d'un saint. Ils croient que ce qu'il a fait à Châtillon suffirait pour le faire canoniser, et ils ne doutent point que s'il s'est partout comporté comme il a fait en ce lieu, il ne le soit un jour. »

Pendant qu'une partie de la Bresse s'abandonnait aux larmes, et qu'elle pleurait un homme qui en était regardé comme l'apôtre, Vincent s'avançait vers Paris. Son retour fit autant de plaisir à ses amis, que son départ avait causé de peine aux habitans de Châtillon.

Le saint, qui ne conserva plus qu'une inspection générale sur MM. de Gondi, eut toute la facilité possible de suivre son attrait pour le salut des peuples de la campagne. Dès le commencement de l'année suivante, il fit des missions à Villepreux et dans les lieux circonvoisins. Plusieurs vertueux prêtres se joignirent à lui. Après avoir remédié aux besoins de l'âme, on tâcha de prévenir ceux du corps par le moyen de la confrérie de la charité. Villepreux fut la seconde paroisse du royaume où elle fut établie.

La comtesse de Joigni voyait avec bien du plaisir la sainte fécondité qui était comme attachée aux travaux de son directeur. Mais il faut avouer que cette femme véritablement forte, malgré ses infirmités presque continuelles, entrait pour beaucoup dans toutes ses entreprises. Sa présence, le grand modèle de vertu qu'elle offrait partout, ses bienfaits, l'air gracieux avec lequel elle les prodiguait, attendrissaient les peuples et rendaient les cœurs plus propres à recevoir la semence de l'évangile.

Quoique les besoins des pauvres gens de la compagne fussent le grand objet du zèle et de la charité de saint Vincent, il ne s'y bornait pas. A peine était-il de retour des missions, que, pour se délasser des fatigues attachées à ce pénible ministère, il visitait, en père tendre et actif, les hôpitaux et les prisons. Comme son penchant le portait toujours du côté où il y avait plus de maux à guérir, surtout quand ceux qui en étaient frappés avaient quelque rapport à la maison de Gondi, il voulut savoir comment étaient traités les criminels destinés aux galères. On lui ouvrit les cachots de la Conciergerie : il comptait y trouver bien de la misère, mais il en trouva beaucoup plus qu'il n'avait cru. Il vit des malheureux renfermés dans d'obscures et profondes cavernes, mangés de vermine, atténués de langueur, et entièrement négligés pour le corps et pour l'âme.

Un traitement si dur, si opposé aux règles du christianisme, toucha vivement son cœur. Sans perdre un moment, et encore tout ému des tristes objets qui l'avaient frappé, il en avertit le général des galères. Il lui représenta que ces pauvres gens lui appartenaient, et qu'en attendant qu'on les conduisît à Marseille, il était de sa charité de ne pas souffrir qu'ils n'eussent ni secours, ni consolation. Il proposa ses vues ; et, sur l'approbation que lui donna M. de Gondi, il loua et fit préparer, avec toute la diligence possible, une maison dans le faubourg Saint-Honoré. Il y réunit tous les forçats qui étaient dispersés dans les différentes prisons de la ville. Pour soutenir cette bonne œuvre, qui n'avait d'autres fonds que ceux de la Providence, il mit à contribution ceux de ses amis qui avait le moyen de fournir à la dépense. L'évêque de Paris (le siége de Paris n'était pas encore érigé en archevêché) le seconda ; et, par un mandement il enjoignit aux curés et aux prédicateurs d'exhorter les fidèles à favoriser une si sainte et si grande entreprise. Bientôt, après avoir soulagé une partie des besoins du corps, on se vit en état de remédier aux besoins de l'âme. Ils étaient grands; mais l'assiduité et la patience forcèrent enfin les plus grands obstacles. Le saint visitait souvent les galériens; il leur parlait de Dieu avec une force pleine de douceur; il leur faisait sentir que, quelles qu'involontaires que fussent leurs peines, elles pouvaient être acceptées d'une manière qui les rendît méritoires. Il ajoutait que cette acceptation diminuerait leur amertume, et qu'après tout, il n'y a de vraies peines que celles qui doivent punir le crime et l'impénitence pendant l'éternité.

Ces discours firent une grande impression sur des hommes qui n'y étaient point accoutumés, et que les bons traitemens qu'on leur faisait y rendaient encore plus attentifs. On vit éclater des marques d'une douleur sincère. Les confessions générales achevèrent, avec le temps, ce que les exhortations avaient commencé, et Vincent eut la consolation de voir des hommes qui souvent avaient oublié Dieu pendant une longue suite d'années, s'approcher des saints mystères avec une frayeur mêlée d'amour et de reconnaissance.

Ce changement fit beaucoup d'honneur à notre saint. M. de Gondi, aussi surpris qu'édifié du bel ordre qu'il avait établi parmi tant de gens qui n'en avaient jamais connu, forma le dessein de l'introduire dans toutes les galères de France. Il en parla au Roi. Après lui avoir donné une juste idée de la capacité et du zèle de Vincent de Paule, il l'assura que, pourvu que la cour voulût l'autoriser, il ferait sûrement partout ailleurs le même bien qu'il avait déjà fait à Paris. Louis XIII, qui avait beaucoup de piété, consentit volontiers à cette proposition; et, par un brevet du 8 février 1619, il fit notre saint aumônier général de toutes les galères du royaume.

Ce nouvel emploi, qui marquait l'estime que le Roi faisait de Vincent, fut, peu de temps après, suivi d'un autre qui faisait bien connaître le jugement qu'en portait saint François de Sales. Ce grand évêque, dont le nom seul rappelle l'idée d'un des plus dignes pontifes que Jésus-Christ ait jamais donnés à son église, connut Vincent, lorsqu'après son retour de Bresse, il rentra dans la maison de Gondi. Une tendre charité unit bientôt ces deux grandes âmes. Le don de discerner les esprits, qu'ils possédaient éminemment, leur dicta ce qu'ils devaient penser l'un de l'autre. Vincent avoua que la douceur, la majesté, la modestie, et tout l'extérieur de François de Sales lui retraçaient l'image du fils de Dieu conversant parmi les hommes. François de Sales publiait, à son tour, que Vincent était un des plus saints prêtres qu'il eût jamais connu, et qu'il n'en voyait aucun dans Paris qui eût plus de religion, plus de prudence, plus de ces rares talens qui sont nécessaires pour conduire les âmes à une haute et solide piété.

Ces motifs le déterminèrent à jeter les yeux sur lui pour en faire le premier supérieur des religieuses de la Visitation, nouvellement établies dans la rue Saint-Antoine. Ce choix, fait par un prélat qui avait pour maxime qu'un particulier même doit choisir son directeur entre dix mille, et qu'un homme chargé d'une maison religieuse doit joindre à beaucoup de vertu une science étendue et une grande expérience; ce choix, dis-je, fera, chez toutes les personnes sages, l'apologie du mérite de Vincent de Paule. Mais ce qui relève infiniment sa piété, c'est qu'il ne vit dans ces emplois que le compte redoutable dont ils devaient être suivis. Pour l'adoucir, ce compte, qui a fait trembler les plus grands saints, il joignait à la pratique des vertus sacerdotales de rudes et pénibles mortifications. Les disciplines jusqu'au sang, un affreux cilice, des chaînes très-pointues, un sommeil bien court et toujours sur la paille, une sobriété extraordinaire dans le boire et dans le manger, une foule d'austérités semblables, entraient, depuis long-temps, dans le plan de sa vie, et il ne s'en écarta jamais. Il fit cette même année, et il fit avec beaucoup de ferveur, les exercices spirituels à Soissons. Ce fut là que, se pesant lui-même au poids du sanctuaire, il reconnut en lui un défaut qui aurait pu avec le temps mettre quelque obstacle à la sanctification des peuples dont Dieu lui confiait si visiblement le salut et les intérêts.

Son air, naturellement grave, avait je ne sais quoi d'austère, surtout par rapport aux personnes de condition, et son penchant, qui le portait à la solitude, rendait son commerce moins aisé. Les pauvres, avec lesquels il était dans son élément, ne s'en apercevaient pas; mais le grand monde, qui veut des manières jusque dans la vertu, s'en apercevait quelquefois; et la comtesse de Joigni, qui, craignant beaucoup de le perdre, craignait aussi qu'il n'eût quelque mécontentement chez elle, lui en témoignait sa peine de temps en temps. Le saint homme, pendant la retraite qu'il fit à Soissons, s'examina sérieusement sur cet article, et il en connut mieux l'importance qu'il n'avait fait jusqu'alors. Il eut recours à la prière, et il y joignit une si exacte vigilance, qu'on a dit de lui ce qu'il disait lui-même de saint François de Sales : qu'il était difficile de trouver un homme dont la vertu s'annonçât sous des traits plus aimables, plus capables de gagner à Dieu tous les cœurs.

Les forçats de galères l'éprouvèrent dès l'année suivante. Vincent fit en leur faveur le voyage de Marseille. Son dessein était d'examiner s'il pourrait faire pour eux, à l'extrémité du royaume, ce qu'il avait déjà fait dans la capitale. L'exécution de ce projet n'était pas aisée. Il s'agissait, du moins en partie, de réformer une multitude de scélérats qui, le plus souvent, ne détestent dans leur crime que la peine dont il est suivi, et se dédommagent, par leurs blasphèmes contre Dieu, des mauvais traitemens qu'ils reçoivent de la part des hommes.

Le saint ne voulut pas se faire connaître en arrivant à Marseille. Par-là il évitait les honneurs attachés à la dignité d'aumônier général, et il prenait le moyen le plus sûr de bien connaître l'état des choses. Ainsi il avait ses raisons pour garder l'incognito, et la Providence avait les siennes. En allant de côté et d'autre sur les galères pour voir comment tout s'y passait, il aperçut un forçat qui se désespérait parce que son absence réduisait sa femme et ses enfans à la dernière misère. Vincent, effrayé du danger que courait un homme accablé sous le poids de sa disgrâce, et peut-être plus malheureux que coupable, examina, pendant quelques momens, s'il ne pourrait point adoucir la rigueur de son sort. Son imagination, toute féconde qu'elle était en expédiens, ne lui en fournit aucun qui le contentât. Alors, saisi et comme emporté par un mouvement de la plus ardente charité, il conjura l'officier qui veillait sur ce canton, d'agréer qu'il prît la place de ce forçat (1). Dieu, qui, lorsqu'il veut faire éclater la vertu de ses saints, sait bien trouver les moyens d'y réussir, permit que l'échange fût accepté. Ce ne fut que quelques semaines après, que Vincent fut reconnu; et il ne l'eût pas été sitôt, si la comtesse de Joigni, étonnée de ne point recevoir de ses nouvelles, n'eût fait des recherches auxquelles il était difficile qu'il échappât. On se souvenait encore à Marseille de cet événement, lorsque les prêtres de la mission y furent établis, c'est-à-dire plus de vingt ans après; et on convenait que, depuis

---

(1) M. Girault de S.-Fargeau dit que Vincent fut enchaîné, pendant deux ans, dans la chiourme des galériens, et que ses pieds conservèrent toute sa vie l'empreinte des fers qu'il avait portés.

le temps de saint Paulin, qui se vendit lui-même pour racheter le fils d'une veuve, il ne s'était peut-être pas vu d'exemple d'une charité plus surprenante et plus héroïque.

Vincent donna au soulagement des forçats tout le reste du temps qu'il passa en cette ville. Ils en avaient un besoin dont on ne peut tracer l'image qu'en recourant à celle de l'enfer. Le saint allait de rang en rang, comme un bon père qui sent par contre-coup tout ce que souffrent des enfans tendrement aimés. Il écoutait leurs plaintes avec patience; il baisait leurs chaînes, et les arrosait de ses larmes; il joignait, autant qu'il lui était possible, l'aumône et les adoucissemens aux exhortations. Il parla aussi aux officiers et aux gardiens, et il leur inspira des sentimens plus humains. L'esprit de paix commença dès lors à régner, les murmures s'apaisèrent, les aumôniers ordinaires purent parler de Dieu sans être interrompus, et on comprit enfin que les forçats étaient susceptibles de vertu.

Il aurait fait quelque chose de plus encore, si le mouvement continuel des galères, qui, dans ces temps de trouble, n'avaient point de séjour fixe, ne l'eût obligé de reprendre la route de Paris. Il marchait à grandes journées lorsqu'une affaire de charité l'arrêta inopinément à Mâcon. Une foule de mendians l'y ayant investi, il reconnut qu'ils ignoraient les premiers principes de la foi. Il sut même que leurs vices faisaient horreur. Il entreprit d'arrêter ce désordre. Rien n'était moins aisé : il fallait établir une exacte discipline parmi des hommes que leur multitude rend insolens, et prendre des mesures si justes qu'on écartât toute apparence de sédition.

Le saint homme, avec l'agrément des magistrats et de l'évêque, fit un règlement selon lequel tous ces pauvres furent partagés en plusieurs classes. Il établit ensuite deux associations, l'une pour les hommes, l'autre pour les femmes. Dans cette double confrérie, chacun avait son emploi. Les uns avaient soin des malades, les autres de ceux qui ne l'étaient pas. Ceux-ci étaient chargés des pauvres de la ville, ceux-là l'étaient des étrangers qu'on logeait pour une nuit, et qu'on renvoyait le lendemain avec quelque peu d'argent. L'exécution de ce plan, également sage et naturel, pour lequel Vincent donna la première aumône, changea en très-peu de jours toute la face de la ville. Les citoyens furent en sûreté, et les mendians rassemblés avec ordre, à des heures réglées, dans des lieux où on leur distribuait des habits et des alimens, y reçurent aussi des leçons de piété et de salut.

L'exécution de ce projet, qui d'abord avait paru impossible, inspira aux habitans de Mâcon une si grande idée de la prudence et du zèle de Vincent de Paule, que, pour se dérober aux honneurs qu'on voulait lui rendre, il fut obligé de partir sans dire adieu. Il n'y eut que les prêtres de l'Oratoire, chez qui il logea pendant environ trois semaines, qui furent informés de son départ; et ce fut dans cette occasion, qu'étant entrés de grand matin dans sa chambre, ils aperçurent qu'il couchait sur la paille. Il couvrit cette mortification le mieux qu'il put; mais quelque soin qu'il prît de la cacher, aussi bien que ses autres vertus, on a su qu'il l'avait pratiquée jusqu'à sa mort.

Après avoir terminé les affaires qui l'avaient appelé à Paris, il forma le dessein de faire une grande mission sur les galères, et partit pour Bordeaux. L'archevêque de cette métropole ne pouvait manquer d'appuyer de toute son autoté un homme qui était revêtu de celle du prince, et dont le nom était déjà connu jusqu'aux extrémités du royaume. Le saint se choisit, dans les différens monastères de la ville, vingt des meilleurs ouvriers évangéliques qu'il y pu trouver, et il les distribua deux à deux dans chaque galère. Pour lui, il était partout, et l'on peut dire que, si l'onction attachée à ses paroles pénétrait les cœurs les plus endurcis, son exemple animait ceux qui travaillaient avec lui, et les soutenait dans les fatigués du ministère. Les consolations du Ciel ne lui manquèrent pas, et, entre autres, il eut celle de gagner à Dieu un mahométan. Ce prosélyte, qui fut nommé Louis à son baptême, suivait partout son libérateur. Il l'honorait comme son père, et, long-temps après sa mort, il apprenait à tous ceux qui voulaient l'entendre, que c'était à lui, après Dieu, qu'il devait sa conversion.

Après cette mission, Vincent, qui se trouvait à la porte de sa famille, se détermina à faire une visite à ses parens. Son dessein était de les fortifier dans la vertu, de leur apprendre à chérir la bassesse de leur condition, et de leur déclarer, une fois pour toutes, que, pouvant vivre comme ils avaient fait jusqu'alors, du travail de leurs mains, ils ne devaient rien attendre de lui. Il descendit chez le curé de Pouy, son ami et son parent; il l'édifia beaucoup, aussi bien que le reste de sa famille, par sa piété, sa tempérance, sa mortification; il renouvela dans l'église paroissiale les promesses de son baptême; il se consacra de nouveau au Seigneur dans ce lieu où il avait reçu les prémices de l'esprit apostolique. Ses frères, ses sœurs, ses autres parens, riches et pauvres, et presque tous les habitans du lieu, assistèrent à cette pieuse cérémonie. Le saint donna ensuite un repas frugal à tous ses parens; les bénit, et leur dit adieu pour toujours, en les conjurant de ne jamais sortir de la simplicité dans laquelle Dieu les avait fait naître. L'humiliation pour lui et pour les siens est une des grâces qu'il ait le plus ambitionnée sur la terre.

En quittant ses parens, il alla faire une mission dans le diocèse de Chartres. Les grands biens qu'elle produisit donnèrent enfin naissance à une compagnie de prêtres destinés par état à l'instruction des peuples de la campagne.

Quelque temps après, M. de Gondi s'en alla en Provence. Notre saint l'y suivit plus tôt qu'il n'avait cru, pour lui porter la plus fâcheuse nouvelle qu'il eût reçue jusqu'alors. La comtesse de Joigni était encore dans la force de l'âge;

mais elle était déjà un fruit mûr pour le ciel. Son mari venait de partir, lorsqu'elle tomba malade. Le mal parut dangereux presque aussitôt qu'il se déclara. Les infirmités habituelles de la pieuse générale, la délicatesse de sa complexion, les mouvemens qu'elle s'était donnés pour établir le royaume de Dieu dans toutes ses terres, firent d'abord juger qu'elle aurait peine à tenir contre la violence de la maladie qui l'attaquait. Elle le sentait elle-même, mais elle le sentait en femme véritablement chrétienne. Plus forte, plus attentive, à mesure que s'affaiblissait son corps, elle mit à profit tous les instans qui lui restaient. Soutenue, animée par son directeur, qu'elle s'était principalement ménagé pour ses derniers momens, elle attendit avec cette sorte d'impatience qui ne convient qu'aux élus, le coup qui la devait immoler. Il ne tarda pas longtemps; et, pendant que sa famille, abîmée dans la douleur, déplorait la perte qu'elle allait faire, la vertueuse mourante ferma les yeux aux grandeurs du siècle qui ne l'avait jamais éblouie, pour les ouvrir à cette couronne immortelle qui avait toujours été le centre et le terme de ses désirs. Elle mourut, le 23 juin 1625, dans sa quarante-deuxième année.

Vincent, après lui avoir rendu les derniers devoirs, partit aussitôt pour faire part au général de cette triste nouvelle. Il s'y prit avec toute la précaution d'un homme qui sait qu'il faut ménager la nature. Il disposa par degrés le comte de Joigni à adorer toutes les volontés de la Providence. Il lui parla d'abord des grâces dont le Ciel l'avait comblé, lui et sa famille. Il ajouta que plus Dieu avait signalé sa miséricorde sur lui, plus il lui devait d'amour et de reconnaissance; que l'homme ne marque jamais mieux cette reconnaissance, que lorsqu'il sait conformer sa volonté à celle du Seigneur, et qu'une parfaite soumission est le sacrifice le plus agréable à ses yeux. Enfin, il lui apprit la perte qu'il avait faite. Après avoir laissé à la nature ces premiers mouvemens que la vertu ne peut désavouer, il se servit, pour adoucir la douleur du général, de tous les motifs que suggère la foi, et qui ne sont jamais plus forts que quand ils sont mis en œuvre par la simplicité chrétienne.

Il est constant, et on l'a remarqué dans une infinité d'occasions, que personne ne possédait mieux que lui le don de consoler les affligés. Madame de Gondi l'avait éprouvé cent fois : elle ne trouvait jamais de plus solides consolations que dans les paroles du saint prêtre. C'est de là, en partie, qu'était née l'estime singulière qu'elle avait pour lui. Elle lui en donna des preuves sensibles dans son testament, moins par un legs qu'elle lui fit, qu'en le conjurant, de la manière la plus touchante, de ne quitter jamais ni son mari, ni ses enfans après sa mort.

Dieu ne le voulut pas ainsi. Vincent, qui n'était entré chez la générale que parce qu'il n'avait pu s'en défendre, et qui, d'ailleurs, avait une horreur infinie pour le grand monde, supplia M. de Gondi d'agréer qu'il se retirât. Ce vertueux seigneur fut affligé de cette proposition; mais, comme il était accoutumé à examiner les choses devant Dieu, il y consentit. Le général comprit si bien que, quelque pur que soit l'air qu'on respire dans les maisons séculières les plus réglées, il est toujours fort différent de celui qu'on trouve dans la solitude, qu'assez peu de temps après la mort de son épouse, il renonça lui-même à toutes les grandeurs humaines, pour entrer dans la congrégation de l'Oratoire. Ce fut là que, pendant plus de trente-cinq ans qu'il y vécut, il se distingua autant par sa piété, sa mortification, sa patience invincible, qu'il s'était illustré dans le siècle par son courage et son zèle pour le service du roi.

Vincent de Paule se retira, en 1625, au collége des Bons-Enfans. Il y fut suivi par Antoine Portail, prêtre du diocèse d'Arles. Celui-ci était, depuis près de quinze ans, son disciple déclaré, et il fit, sous la conduite du saint, de si grands progrès dans l'humilité, que, quoiqu'il eût beaucoup de mérite, qu'il eût fait en Sorbonne de fort bonnes études, et qu'il écrivît très-bien, il ne cherchait qu'à être inconnu, ou plutôt qu'à être méprisé.

Comme il était impossible que nos deux prêtres soutinssent long-temps la fatigue des missions, et qu'ils pussent contenter la dévotion des peuples, ils en prièrent un troisième de se joindre à eux pour un temps. Ils allaient tous trois, de village en village, catéchiser, exhorter, confesser, et faire tous les autres exercices de leur institut. Ils le faisaient avec simplicité, humilité, et un désintéressement qui leur gagnait les cœurs. Chaque jour la moisson devenait plus abondante. On demanda de nouveaux ouvriers au père de famille. La Providence, qui avait fait naître la congrégation, se chargea de la multiplier. Six autres prêtres s'offrirent à Vincent pour partager ses travaux.

Louis XIII, à qui le comte de Joigni fit part de ces heureux commencemens, autorisa par ses lettres-patentes la nouvelle association. La voix publique la soutint contre une cabale qui voulait l'étouffer dès son berceau. Les plus sages magistrats l'appuyèrent. Le parlement de Paris y mit le sceau de son autorité, en 1631, et Urbain VIII, charmé que, sous son pontificat, les brebis les plus négligées du troupeau de Jésus-Christ trouvassent des pasteurs fidèles et désintéressés, l'érigea l'année suivante en congrégation. Sa bulle, qui est du 12 janvier, met Vincent à la tête de tous ceux qui doivent travailler avec lui, avec pouvoir de dresser des réglemens pour le bon ordre de son institut. Ceux qui l'embrasseront doivent porter le nom de prêtres de la mission; et ce nom leur est tellement affecté par le saint siége, que c'est par là que le souverain pontife prétend les distinguer de ceux même des autres ministres de la parole, qui travaillent au salut des peuples. Ainsi les missionnaires et les enfans de Vincent de Paule seront, dans la suite de cet ouvrage, des termes synonymes.

Pendant que Dieu prenait si hautement en main les intérêts de son serviteur, ce saint prêtre n'oubliait pas ceux de Dieu. Il partagea sa petite troupe en différens corps; et, après les avoir remplis du feu saint dont il était consumé, il les envoya dans les endroits où il crut que leur présence était le plus nécessaire. Son esprit était partout avec eux, mais il ne se contentait pas de lever les mains sur la montagne comme Josué, il combattait aussi dans la plaine; et il y a bien de l'apparence qu'il se trouvait toujours dans les endroits les plus difficiles. La province de Lyon, dont il connaissait les besoins, lui échut en partage. S'il y fit de grands biens, ses prêtres n'en firent pas de moins considérables dans tous les lieux où ils travaillèrent. Vincent de Paule, instruit des besoins des habitans de la campagne, et du peu de zèle ou de talent de ceux qui étaient chargés de leur salut, prit une nouvelle résolution d'arrêter le cours de ce double torrent, qui n'entraînait les brebis que parce qu'il avait d'abord entraîné les pasteurs. Quant aux peuples, comme il n'avait rien de meilleur à faire que de leur procurer de solides et touchantes instructions, il leur envoya toujours des missionnaires dont Dieu récompensa les travaux par un succès qui étonna une grande partie de l'Europe. A l'égard des pasteurs, il jugea sagement qu'il fallait ou se résoudre à voir bientôt les campagnes en proie aux abus primitifs, ou prendre le parti de former des prêtres plus capables de les maintenir dans la vertu. Vincent n'avait point encore formé de projet si étendu, mais il ne pouvait guère en former de plus nécessaire. Heureusement les conjonctures le rendaient un peu plus praticable qu'il n'avait été depuis long-temps.

Adrien Bourdoise, homme plein de feu pour les intérêts du Seigneur, était un de ceux qui souffraient avec plus d'impatience les désordres des ecclésiastiques. Il était ami particulier de Vincent de Paule. Ils connaissaient l'un et l'autre les plus vertueux prélats de l'Eglise de France, et tous deux étaient animés du même esprit. Un de ceux avec qui ils conférèrent le plus souvent des besoins du clergé, fut messire Augustin Potier de Gèvres, évêque de Beauvais, à qui sa vigilance pastorale et son amour pour la discipline ont fait une très-grande et très-juste réputation. Ce sage prélat, sur le plan que lui proposa notre saint, résolut de faire de son palais une espèce de séminaire, d'y recevoir ceux qui se disposaient aux saints ordres, et de leur faire expliquer, dans des conférences suivies, les articles principaux de ce qu'ils doivent savoir et pratiquer. Vincent loua beaucoup ce projet, et, à la prière de M. de Gèvres, il distribua les matières dont on devait entretenir les ordinans. Il fit l'ouverture de ces exercices. Deux docteurs de Sorbonne en partagèrent les travaux avec lui, mais il fut plus occupé que personne. Il expliqua le Décalogue; et il le fit avec tant de netteté, de force et d'onction, qu'un grand nombre de ceux qui assistaient à ses entretiens, et même un de ceux qui les faisaient avec lui, voulurent lui faire leur confession générale. Ce ne fut pas la seule bénédiction que Dieu répandit sur son voyage; car, ayant trouvé quelques protestans qui voulurent entrer en lice avec lui, il leur fit si bien connaître le faible, le ridicule même de leur prétendue réforme, que trois d'entre eux se réunirent à l'Eglise catholique.

Environ deux ans après cet essai de retraite donnée aux ordinans, Jean-François de Gondi, premier archevêque de Paris, apprit de M. de Gèvres les plus grands fruits que ces exercices commençaient à produire dans son diocèse. Ce prélat, touché de voir les jeunes ecclésiastiques de la capitale manquer d'un moyen d'instruction qu'on savait bien procurer à ceux des provinces, obligea, par son mandement du 21 février 1631, tous ceux qui seraient admis aux ordres, de faire, au collége des Bons-Enfans, une retraite de dix jours pour s'y préparer. Vincent, au défaut de ses prêtres, qui étaient presque toujours en campagne, appelait à son secours ceux qui, pleins de l'esprit de Dieu, étaient les plus propres à le communiquer aux autres.

L'archevêque de Paris ne fut pas le seul à reconnaître l'utilité de ce nouveau genre d'exercice. Des séculiers, des femmes même, admirèrent le changement qui s'était fait dans les ecclésiastiques de leurs paroisses. On les trouvait plus graves, plus modestes, plus attentifs à bien faire les cérémonies, et on distinguait les clercs du diocèse de Paris, qui seuls étaient admis à la retraite des ordinans, de ceux des autres diocèses qui n'avaient pas eu le bonheur d'y participer. C'est ce qui engagea quelques dames pieuses à proposer au saint prêtre de recevoir sans distinction de pays, tous ceux qui voudraient prendre les ordres.

Le saint conçut aisément qu'elle aurait beaucoup de peine à y suffire, et ses amis le prièrent d'y faire attention. Mais ce grand cœur qui préférait absolument la gloire de Dieu et l'utilité de l'Eglise à l'intérêt temporel de sa compagnie, bien loin de s'écarter jamais de son premier dessein, ajouta, quelques années après, de nouvelles charges aux premières; et, lorsqu'en 1646, on fit à l'archevêché un arrêté portant que ceux qui devaient recevoir les ordres mineurs feraient la retraite avec ceux qui se disposaient aux ordres sacrés, il les reçut tous avec une affection aussi tendre que respectueuse.

Il était naturellement pathétique; mais il semblait se surpasser lui-même lorsqu'il fallait animer les siens à se consacrer tout entier au bien des ordinans. Il avait sur la dignité du sacerdoce, et sur l'avilissement où il était tombé, des sentimens si vifs, qu'il n'est presque pas possible de les rendre. Sa douleur et ses larmes croissaient, surtout lorsqu'il voyait l'Eglise en danger de faire de nouvelles pertes, parce qu'à l'exemple des saints docteurs, il les mettait toutes sur le compte des mauvais prêtres. Ces sentimens, si dignes d'un ministre des autels, éclatèrent pendant les troubles dont la France fut agitée vers le milieu du siècle passé; et peut-être encore plus dans le temps où le redoutable Charles Gustave semblait annoncer à Casimir la perte de son royaume, et à l'Eglise romaine la séduction d'une partie considérable de son troupeau. Ce fut alors que le saint prêtre, à qui son humilité fit toujours croire qu'il contribuait plus que personne aux maux que souffrait la religion, redoubla ses efforts pour préparer au Seigneur des ministres capables d'apaiser sa colère, et pour porter les siens à y travailler autant qu'il leur serait possible.

Il leur représentait que l'Eglise était ruinée dans une infinité d'endroits, et qu'elle ne l'était qu'en conséquence du dérèglement des prêtres; que c'était à eux qu'il fallait imputer la déplorable diminution qui l'affligeait dans l'Afrique et dans une partie considérable de l'Europe; qu'on savait que la France n'était pas à l'abri de la contagion, et que la Pologne, déjà beaucoup infectée de l'erreur, était, par l'invasion du roi de Suède, en danger d'être tout-à-fait perdue pour la religion; qu'enfin il était à craindre que Dieu, lassé de nos excès, ne transportât son Eglise chez les nations étrangères.

De ces principes, le saint homme tirait deux conséquences qui prouvent également son humilité et son zèle. La première, que ceux de sa congrégation, et lui en particulier plus qu'aucun autre, devaient s'anéantir devant Dieu à la vue de leurs misères; la seconde, que bien loin de regarder comme une charge la dépense et les peines nécessaires pour instruire et sanctifier les ordinans, il fallait les regarder comme une grâce spéciale; « grâce, disait-il, que Dieu nous a faite préférablement à tant d'autres qui en étaient bien plus dignes. »

Quoique des exercices si courts, si rapides, et dont notre saint ne se contentait que parce qu'il n'était pas maître de les continuer plus long-temps, ne dussent avoir qu'un succès assez médiocre, Dieu voulut bien y donner une bénédiction qu'on doit regarder comme le fruit des prières et des gémissemens de son serviteur. Les évêques de Poitiers, d'Angoulême, de Reims, de Noyon, de Chartres, de Saintes, etc., à qui il avait envoyé de ses prêtres pour présider à la retraite de leurs ordinans, lui écrivirent à l'envi pour lui témoigner leur reconnaissance. Toutes leurs lettres disaient à peu près, que les villes et les campagnes bénissaient Dieu d'un si grand bien; que les peuples, touchés de la modestie des ecclésiastiques, en versaient des larmes de joie; que charmés de l'ordre, de la décence, de la piété, avec laquelle les nouveaux prêtres faisaient les divins offices, ils croyaient voir, non des hommes, mais des anges descendus du ciel.

Le bruit d'un succès aussi éclatant qu'il était imprévu, se répandit bientôt dans toute la France. Une sainte émulation saisit les pontifes de l'Eglise de Dieu. Tous s'adressaient à l'instituteur de la nouvelle congrégation, pour recevoir de lui les secours qu'il avait déjà procurés à leurs voisins. Mais la moisson était trop abondante : un si petit nombre de personnes ne pouvait la recueillir en tant d'endroits différens. Plusieurs évêques furent obligés d'attendre l'heure du père de famille; d'autres se firent rendre compte de la méthode du saint prêtre : ils s'y conformèrent, et reconnurent bientôt combien elle était avantageuse.

Le fruit que ces retraites firent à Rome ne fut pas moins consolant. Urbain VIII avait établi, en 1642, à Monte-Citorio, les prêtres de la mission. Ils commencèrent, dès l'année suivante, à recevoir dans leur maison ceux qui s'y rendaient de leur propre mouvement, pour se disposer à l'ordination. La main de Dieu fut avec eux, dans cette capitale du monde chrétien, comme partout ailleurs; et l'on y reconnut qu'il ne fallait que trois ou quatre prêtres animés de l'esprit de Dieu, pour en sanctifier un grand nombre d'autres. Alexandre VII le comprit si bien, que, sous son pontificat, l'assiduité à ces pieux exercices devint une condition nécessaire pour la réception des saints ordres. Depuis ce temps, malgré l'envie, il a plu à Dieu de les y soutenir. Innocent XI, aux vertus duquel l'hérésie même a rendu justice, alla encore plus loin que ses prédécesseurs. Il étendit en partie à tous les prêtres, et même aux curés de Rome, ce qui n'était d'abord établi que pour les ordinans.

L'application avec laquelle saint Vincent travaillait à la réforme du clergé, ne lui fit pas oublier les besoins des pauvres de la campagne. Il avait établi les confréries de la Charité partout où il avait pu. Mais comme ni lui ni ses prêtres, accablés sous le poids d'une infinité d'autres travaux, ne pouvaient les visiter que très-rarement, il était à craindre que le premier feu d'une association si utile ne se ralentît peu à peu, et que les pauvres ne retombassent dans ce même état d'où l'on avait eu tant de peine à les tirer. Le saint prêtre souhaitait donc avec ardeur que la Providence suscitât quelque personne charitable qui fût propre à parcourir les campagnes, à soutenir les personnes dont ces confréries étaient composées, à les styler au service des malades, à entretenir parmi elles l'esprit de miséricorde, qui avait été le principe de leur charitable liaison.

Dieu ne tarda pas à calmer l'inquiétude de son serviteur. A peine était-il entré au collége des Bons-Enfans, que l'illustre madame Le Gras prit, sans le connaître, une maison qui n'était pas éloignée de la sienne. Cette femme incomparable, qui, au jugement de cinq grands évêques, fut donnée à son siècle pour le convaincre que ni la délicatesse du tempérament ni les engagemens de la société ne sont pas d'invincibles obstacles à la plus haute perfection, était née à Paris, le 12 août 1591, de Louis de Marillac, sieur de Ferrièrre, et de Marguerite Le Camus. L'étendue de son esprit porta son père à lui faire apprendre la philosophie; et, jeune encore, elle passait pour capable des sciences les plus élevées. Mais la grâce lui donna des leçons que les plus grands maîtres ne peuvent donner : si la faiblesse de sa complexion ne lui permit pas d'entrer, comme elle souhaitait, dans un ordre très-rigoureux (les capucines), son mariage avec Antoine Le Gras, secrétaire de la reine Marie de Médicis, ne l'empêcha pas de mériter, en peu d'années, le glorieux nom de mère tendre et universelle des pauvres. Aussi leur rendait-elle tous les services de la plus humble, de la plus pénible charité. Elle les visitait, sans faire attention à la qualité de leurs maladies; elle leur présentait elle-même la nouriture dont ils avaient besoin; elle faisait leurs lits avec bien plus d'affection que n'aurait pu faire une servante à gages; elle les consolait par des paroles pleines de tendresse, et les ensevelissait après leur mort.

Jean-Pierre Camus, évêque de Belley, ami de Vincent de Paule, dirigeait madame Le Gras. Ce prélat était presque aussi occupé à modérer la ferveur de sa pénitente, qu'à calmer les peines intérieures qui, pendant plusieurs années, troublèrent la paix de son âme. Mais, comme l'obligation de résider dans son diocèse le mettait hors d'état de lui donner les secours dont elle avait besoin, il voulut lui choisir un directeur capable de la soutenir et de la fortifier. Vincent de Paule fut celui sur qui il jeta les yeux pour le remplacer. Dieu fit bientôt connaître que c'était lui-même qui avait ménagé toute cette affaire, et qu'il voulait se servir de ces deux grands cœurs, pour donner à son Eglise une nouvelle compagnie de vierges uniquement consacrées aux œuvres de miséricorde.

Madame Le Gras, qui venait de perdre son mari, partageait son temps entre l'exercice de la prière et celui de la charité. Elle donnait au soulagement de l'indigence tout le temps qu'elle ne donnait pas à ces devoirs primitifs qui regardent Dieu plus immédiatement que le prochain. Mais son zèle prit un nouvel essor à la vue d'un directeur qui ne savait pas se ménager quand il s'agissait d'être utile à ses frères. A son exemple, elle conçut le dessein de consacrer sa vie au service des pauvres, et de coopérer de toutes ses forces à l'exécution des grands projets que le saint prêtre formait tous les jours en faveur des misérables. Vincent, qui était en garde contre les démarches précipitées, voulut l'éprouver, et l'épreuve dura près de quatre ans.

Ce délai, qui fut pour elle une espèce de noviciat, ne servit qu'à l'affermir dans son premier dessein. L'activité avec laquelle madame Le Gras embrassa, durant cet intervalle, toutes les occasions de miséricorde qui se présentèrent, fit enfin connaître à son directeur qu'il était temps de la mettre en œuvre, et qu'ayant toutes les vertus que saint Paul demande dans les vraies veuves, la charité n'avait point de ministère, quelque rebutant qu'il pût être, dont cette femme véritablement forte ne fût capable. Sur ce principe, il lui proposa, en 1629, d'entreprendre la visite d'une partie des lieux où l'on avait établi des assemblées de charité, pour honorer les voyages que la charité du Fils de Dieu lui a fait entreprendre, et participer aux peines, aux lassitudes, aux contradictions que ce divin Sauveur y a essuyées.

La pieuse veuve obéit à la voix du saint, comme elle eût obéi à celle de Dieu même. Pour écarter jusqu'à l'ombre de la dissipation qui se glisse insensiblement dans les plus saints voyages, le sage directeur prit des mesures si justes, que les courses de madame Le Gras servirent à la rendre plus recueillie et plus fervente. Elle était toujours accompagnée de quelques dames pieuses. Les voitures les plus incommodes étaient préférées aux autres. On devait vivre et être couché fort pauvrement, pour prendre plus de part à la misère des pauvres. Les exercices de piété s'y faisaient en campagnes aussi régulièrement qu'à la maison. Le jour du départ, on communiait, pour recevoir, par la plus intime union avec Jésus-Christ, une communication plus abondante de sa charité, et un gage plus sûr de sa protection.

Madame Le Gras s'appliqua pendant plusieurs années consécutives à ces exercices de charité. Elle parcourut avec beaucoup de fruit les diocèse de Soissons, de Paris, de Beauvais, de Meaux, de Senlis, de Chartres et de Châlons en Champagne. Lorsqu'elle était arrivée dans un village, elle assemblait les femmes qui composaient l'association de la charité. Elle leur faisait sentir le prix de cet emploi, en leur donnant les instructions dont elles avaient besoin pour s'en bien acquitter. Quand elles étaient trop peu pour en porter la charge, elle en augmentait le nombre. Elle leur apprenait, par son exemple, à servir les malades les plus déséspérés : elle rétablissait par ses aumônes leurs petits fonds, qui souvent étaient bien épuisés; et, pour les mettre en état de continuer plus aisément, elle leur distribuait, à ses frais, le linge et les drogues nécessaires au soulagement des pauvres et des malades. A l'exemple de son directeur, qui se faisait de la santé du corps un moyen de procurer celle de l'âme, la sainte veuve ne travaillait à l'une que pour arriver à l'autre. Aussi ne se bornait-elle point à calmer les douleurs du moribond et la faim de l'indigent : elle plantait le royaume de Dieu dans le cœur des jeunes personnes de son sexe. Avec l'agrément des curés, sans lequel il lui était défendu de rien entreprendre, elle catéchisait, dans quelque maison commode, les filles qui n'étaient pas assez instruites. S'il y avait une maîtresse d'école, elle lui apprenait, presque sans qu'il y parût, à bien faire son office : s'il n'y en avait pas, elle tâchait d'en faire mettre une qui eût les dispositions nécessaires, et, pour la dresser, elle donnait les premières leçons en sa présence.

Des entreprises si saintes furent souvent traversées : mais elles furent plus souvent et plus universellement applaudies. Ce fut pour la précautionner contre les plus faibles impressions de l'orgueil qu'une estime si remarquée aurait pu enfanter, que Vincent lui donna pour règle de conduite dans les honneurs qui lui seraient rendus, d'élever son cœur à Jésus-Christ rassasié d'opprobres. Mais pour tempérer en même temps le feu de son activité, qui l'emportait beaucoup sur la force de sa complexion, il l'exhorta fréquemment à se ménager pour l'amour de notre Seigneur, et des pauvres qui sont ses membres.

Pendant que madame Le Gras outrait en quelque sorte tous les devoirs d'un tendre et laborieux christianisme, Vincent ne restait pas dans l'inaction. Déjà il était à la tête de toutes les bonnes œuvres qui regardaient le bien du prochain; et il en fit, cette même année, réussir une, qui, sans lui, courait grand risque d'échouer. La marquise de Maignelai, qui saisissait volontiers l'occasion de faire honorer Dieu, avait fondé en 1618 une maison de retraite, pour arrêter le désordre des personnes de son sexe. Il s'en présenta, en peu de temps, un assez grand nombre qui parurent charmées de trouver après le naufrage un port si assuré. Mais on reconnut presque d'abord que cet établissement manquait d'une partie essentielle, et qu'il n'y avait, dans cette grande maison, personne qui fût capable de la bien conduire. Le saint prêtre, à qui l'on eut recours après douze ans d'essais inutiles, suivit sa route ordinaire. Il consulta Dieu, et sur sa réponse, dont il rendit compte à M. l'archevêque de Paris, il destina quatre religieuses de la Visitation à remplir les premières places du monastère de la Magdelaine.

Ce dessein, comme la plupart de ceux qui regardent la gloire du Seigneur, souffrit des contradictions étonnantes. Mais enfin les difficultés se dissipèrent entre les mains d'un homme à qui son grand sens donnait des ressources infinies.

Les filles de saint François de Sales, que les peines de ce nouvel emploi avaient beaucoup effrayées, s'en acquittèrent avec leur zèle et leur capacité ordinaires. Elles gagnèrent les cœurs par la douceur et l'attention qui caractérisent leur institut. La charité les rendit maîtresses absolues, et elles réglèrent si bien cette nombreuse communauté, qu'elle produisit dans la suite celles de Rouen et de Bordeaux. Il est vrai que le saint leur servit beaucoup, soit par les sages conseils qu'il leur donnait de vive voix ou dans ses lettres, soit par les bons confesseurs qu'il leur procura. Mais le zèle et le travail de ces vertueuses dames n'en sont pas moins estimables. Un enfant ne perd rien de sa gloire, pour la partager avec son père.

Vincent ouvrit encore les portes de sa maison aux ecclésiastiques qui voudraient ou se réconcilier avec Dieu, après s'en être écartés, ou reprendre dans la solitude des forces et des lumières pour se soutenir et se conduire dans les pénibles sentiers du ministère. Comme ces retraites n'ont jamais plus fait de bruit que depuis que Vincent eût pris possession de la maison de Saint-Lazare, il est à propos, avant d'entrer dans un plus grand détail, de faire connaître la manière dont cet établissement s'est fait. C'est ce que nous allons développer dans le livre suivant.

FIN DU LIVRE PREMIER.

LIVRE SECOND.

Ceux qui ont le plus étudié l'histoire de Paris conviennent que la maison de Saint-Lazare est très-ancienne et qu'elle doit sa fondation à la piété de nos princes. Il faut qu'elle ait.été considérable dès les premiers temps, puisque les rois de France, à leur avénement au trône, y faisaient leur séjour pendant quelques semaines, pour recevoir le serment de fidélité de tous les ordres dont la ville est composée. Dans la suite des années, Saint-Lazare devint l'asile de ceux qui étaient attaqués de la lèpre, maladie terrible, et si commune jusqu'au douzième siècle, que, dans la chrétienté, il s'est trouvé jusqu'à dix-neuf mille hôpitaux pour ceux qui en étaient infectés.

La maladrerie de Saint-Lazare avait, dans sa constitution, quelque chose d'assez singulier. On n'y recevait que des bourgeois sortis d'un légitime mariage et nés entre les quatre principales portes de Paris. Cette règle ne souffrait d'exception qu'en faveur des boulangers, qui, étant plus sujets à ce terrible mal, à cause du feu, étaient admis, de quelque canton du royaume qu'ils pussent être. Personne n'y était reçu sans avoir préalablement fait vœu d'obéissance au premier directeur de la maison; et celle-ci jouissait en propriété, de tous les biens meubles et immeubles de chaque malade après sa mort.

La maison de Saint-Lazare était, du temps de notre saint, une des plus considérables de Paris. Huit chanoines réguliers l'occupaient par commission. Adrien Le Bon, leur supérieur, eut un démêlé avec eux. Après plusieurs conférences et quelques règlemens qui n'aboutirent à rien, le prieur ne pensa plus qu'à sortir d'un lieu, où, avec les meilleures intentions du monde, il souffrait et faisait souffrir les autres. Mais comme il aimait le bien, et que, dans ce temps-là même, il entendit parler de celui que faisait Vincent de Paule, il crut que, s'il pouvait lui faire agréer son poste, il rendrait à l'Eglise un service important. Il proposa à Vincent de Paule de lui céder sa maison et toutes ses dépendances.

Une proposition aussi avantageuse surprit ou plutôt effraya le serviteur de Dieu et, quoiqu'il fût extrêmement maître de lui-même, son trouble se déclara par un tremblement dont le prieur de Saint-Lazare s'aperçut. Il lui en demanda la cause qu'il ne démêlait pas assez. Vincent lui répondit avec beaucoup de modestie, que sa proposition était si fort au-dessus de lui et de ses prêtres, qu'il se ferait scrupule d'y penser. Il continua de s'expliquer sur ce point d'une manière si positive, et il combattit avec tant de force tout ce qu'on put lui dire de plus pressant, que M. Le Bon perdit d'abord toute espérance de lui faire changer de sentiment. Cependant, la douceur du saint prêtre, la piété, les charmes de sa conversation touchèrent si fort le prieur que le désir d'exécuter son dessein devint plus vif, à proportion des obstacles qu'il y rencontraient. C'est ce qui l'engagea, lorsqu'il fut sur le point de se retirer, à lui dire que l'offre qu'il lui faisait méritait bien qu'il y fît attention, et qu'il lui donnait six mois pour y penser.

Ce fut vraisemblablement dans cet intervalle que notre saint donna une preuve frappante d'humilité. Un de ses neveux accourut à Paris, du fond de sa province, dans l'espérance qu'un oncle qui faisait tant de bien aux étrangers ferait quelque chose de plus pour un parent. Le serviteur de Dieu était dans sa chambre lorsque le portier lui annonça qu'il y avait en bas un paysan qui se disait son neveu, et qui demandait à lui parler. La nature souffrit un peu dans ce moment. Les saints ont à combattre tant qu'ils sont hommes, et ils sont hommes, jusqu'au dernier soupir. Vincent pria d'abord un des siens d'aller recevoir ce parent, mais, sur-le-champ, il se surmonta lui-même. Il alla jusque dans la rue, où son neveu était resté. Il l'embrassa tendrement, le prit par la main, fit appeler tous ses prêtres et leur dit que c'était là le plus honnête homme de sa famille. Il fit encore plus : il présenta ce pauvre parent à toutes les personnes de condition qui vinrent le visiter.

Une victoire si complète sur le démon de l'orgueil ne lui parut pas suffisante, et, à la première retraite qu'il fit avec les siens, il s'accusa publiquement d'avoir voulu faire monter secrètement en sa chambre un de ses neveux, parce qu'il était paysan et mal habillé.

Au reste, ce pauvre jeune homme, qui, en arrivant à Paris, avait cru sa fortune faite, fut bien trompé dans ses espérances. Le saint prêtre avait fait un pacte avec son propre cœur; il le tenait en garde contre les illusions de la chair et du sang. Ainsi il renvoya son neveu à pied, comme il était venu, ne lui donnant que dix écus pour faire son voyage; encore les demanda-t-il par aumône à la marquise de Maignelai; et c'est la seule fois qu'il a demandé des secours pour ceux de sa famille.

Le prieur de Saint-Lazare ne manqua pas, au bout du terme qu'il avait marqué, de se rendre au collége des Bons-Enfans et de redoubler ses instances. Le serviteur de Dieu tint ferme et resta inébranlable. Il représenta qu'un établissement si considérable ne manquerait pas de faire du bruit, qu'il n'avait avec lui qu'un petit nombre de prêtres, et qu'il ne craignait rien plus que de faire parler de lui.

L'heure du repas qui survint suspendit cette contestation. M. Le Bon voulut dîner avec le saint prêtre et sa petite communauté. L'ordre qui se gardait pendant la table, le silence, la bonne lecture, la modestie, la frugalité charmèrent le prieur. Il conçut pour les prêtres de la nouvelle congrégation presque autant d'estime qu'il en avait pour leur instituteur; et, plus affermi que jamais dans son premier dessein, il résolut de ne faire ni paix, ni trêve avec M. Vincent, qu'il ne l'eût enfin forcé à consentir à une proposition qui n'avait rien que de très-raisonnable.

Il lui rendit plus de vingt visites dans l'espace de six mois, et il se servit de tous les motifs que la piété et la raison purent lui suggérer. Rien n'ébranla le serviteur de Dieu. L'humilité et l'abjection étaient ses vertus favorites. Tout ce qui pouvait le tirer de l'état où la Providence semblait l'avoir placé de ses propres mains lui paraissait suspect et plein de danger. Au bout d'une année, M. Le Bon n'était pas plus avancé que le premier jour, et des instances redoublées plus de trente fois, bien loin de vaincre sa répugnance, ne l'avaient pas même porté à aller voir la maison qu'on lui présentait.

Enfin, le prieur de Saint-Lazare, fâché de voir que rien ne lui réussît, dit un jour au saint prêtre, avec quelque émotion : « Vous êtes, Monsieur, un homme bien étrange. Il n'y a personne de ceux qui veulent votre bien, qui ne vous conseille de recevoir celui que je vous offre. Dans des affaires comme celle-ci, il est de la sagesse de ne s'en pas rapporter uniquement à soi-même. Dites-nous de qui vous prenez conseil? Quel ami avez-vous à Paris, dont vous suivez plus volontiers les impressions? Je m'en rapporterai à lui; et, pour peu qu'il pense comme vous, je cesserai mes poursuites. » Vincent, qui n'eût rien à répliquer à une proposition si juste, indiqua M. Duval. Ce pieux et savant docteur était directeur de notre saint, et il parut bien, dans cette occasion, que celui-ci ne faisait rien d'important sans l'avoir consulté.

M. Le Bon fut charmé de ce dénoûment. Il

se douta bien qu'il ne trouverait pas en Sorbonne les difficultés qu'il avait trouvées au collége des Bons-Enfans. En effet, tout lui réussit à souhait. Duval régla lui-même les conditions du contrat. Cet article, qui d'ordinaire est si litigieux, n'arrêta pas un instant. Le docteur connaissait la libéralité du saint prêtre, et peut-être qu'il accorda au prieur plus qu'il ne demandait.

Ensuite du concordat qui fut arrêté le 7 janvier 1632, Vincent entra en possession de la maison de Saint-Lazare. L'archevêque de Paris, Jean-François de Gondi, lui fit l'honneur de l'installer. Comme on avait l'agrément de tous ceux que cette affaire pouvait intéresser, on ne croyait pas qu'elle pût rencontrer des obstacles. Mais il était juste que Vincent, qui, pendant quinze mois avait presque lassé la patience de M. Le Bon, vît mettre un peu la sienne à l'épreuve.

Le roi ayant fait expédier des lettres-patentes sur cette donation, une communauté religieuse, qui avait du crédit et de puissans amis, s'opposa à l'enregistrement, et prétendit que la maison de Saint-Lazare lui appartenait. Ce contre-temps ne servit qu'à faire éclater la haute vertu de notre saint prêtre, et surtout son désintéressement et sa charité. Pendant qu'on plaidait la cause, il demeura en oraison dans la Sainte-Chapelle, et il pria Dieu non de le faire gagner, s'il devait perdre, mais de conserver dans son cœur une parfaite soumission aux ordres de la Providence.

Il faut cependant avouer qu'au commencement de cette opposition, une chose lui faisait peine en cas qu'il vînt à succomber. M. Le Bon avait eu la complaisance de recevoir dans la maison trois ou quatre insensés, dont les parens s'étaient bien volontiers déchargés sur lui. Vincent, à qui le soin de tous les misérables appartenait en propre, commença, en arrivant à Saint-Lazare, par demander en grâce qu'on les lui confiât. Il serait difficile d'exprimer avec quelle charité il les faisait servir et les servait lui-même. Les plus intraitables étaient ceux à qui il se consacrait avec moins de réserve. Plus la nature avait à souffrir avec ces hommes sales, embarassans, souvent dangereux, plus il était content. Un jour donc qu'il examinait devant Dieu ce qui pourrait lui faire peine en cas qu'il vînt à être évincé, rien ne l'inquiéta que la crainte de n'être plus en mesure de rendre les mêmes services à ces pauvres aliénés.

Enfin Dieu récompensa le désintéressement et l'humilité de son serviteur.

Les criminels condamnés aux galères furent les premiers à ressentir l'effet de la charité que ce nouvel établissement mettait le saint en état d'exercer avec plus d'étendue. Les forçats transportés par les soins de Vincent de Paule dans le quartier de Saint-Roch y étaient aussi bien que le comportait leur état. Mais, comme ils n'avaient qu'une maison de louage, et qu'on pouvait, sous différens prétextes, les en déloger, notre saint, dont la coutume était de prévenir les inconvéniens, s'occupa des moyens de leur procurer un hospice qui fût à eux pour toujours.

Il s'adressa au roi, et il en obtint pour ces malheureux une ancienne tour, qui est entre la Seine et la porte de Saint-Bernard. Le soin ou plutôt la charge du spirituel et du temporel roula presque sur lui seul pendant plusieurs années.

Sa tendresse pour les forçats ne se borna pas là. Il essaya de les soulager dans l'endroit même où ils ont le plus à souffrir. Ce qui l'avait le plus touché dans le séjour qu'il fit à Marseille, c'était le triste état de ceux qui tombaient malades. Toujours attachés à leur chaîne, rongés de vermine, accablés de maux, presque consumés de pourriture et d'infection, ces cadavres, qui vivaient encore, éprouvaient déjà les horreurs du sépulcre. Vincent n'avait pu, sans une émotion profonde, voir des hommes formés à l'image de Dieu, des chrétiens rachetés du sang de Jésus-Christ, réduits à mourir comme des bêtes. Le saint-prêtre s'adressa au cardinal de Richelieu. Ce ministre, qui aimait les projets où il y avait du grand, obtint du roi qu'un hôpital fut bâti dans le même lieu ou Philippe de Gondi en avait jeté les fondemens, lorsque Vincent demeurait avec lui. Dans la suite, Louis XIV lui assigna douze mille livres de revenu annuel.

Pour mettre Vincent et les missionnaires plus en état de continuer le bien qu'ils avaient commencé de faire aux galériens, le jeune roi lui confirma en 1644 la charge d'aumônier-général, et il le fit d'un style qui marque l'estime universelle où il était à la cour.

Son zèle, qui dès lors ne connaissait plus ni

difficultés, ni bornes, le porta bientôt après à former un projet beaucoup plus étendu, et au moyen duquel il trouva enfin le secret de soulager dans toutes les parties de la France, et même dans les pays étrangers, une infinité de misérables qui n'avaient ni ressource ni consolation.

Il y avait environ dix-sept ans que Vincent de Paule avait établi les confréries de la Charité en faveur des pauvres malades. Cette association de miséricorde ayant passé de la campagne dans les villes, un bon nombre de femmes de condition voulurent y être agrégées. Mais ce qui rendit ces assemblées plus brillantes contribua peu à peu à les rendre moins utiles. Les premières dames qui s'y étaient engagées, l'avaient fait par choix, et la piété les portait à servir les pauvres en personne. Il n'en fut pas tout-à-fait ainsi de celles qui les remplacèrent. Quelques-unes y entrèrent, parce que c'était la mode; d'autres agirent, à la vérité, par des motifs plus purs; mais leurs maris, qui craignaient l'impression du mauvais air, ne leur permirent pas de suivre leur zèle. Il fallut donc s'en rapporter à des domestiques; et, comme la plupart n'avaient ni affection ni habileté, on voyait chaque jour dépérir un établissement qui demande beaucoup de l'une et de l'autre.

Pour remédier à ce désordre, on jugea qu'il fallait avoir des servantes, dont l'unique occupation fût de distribuer chaque jour aux infirmes la nourriture et les remèdes qu'exigeaient leurs maladies. Ce projet était bien entendu;

mais, pour l'exécuter, il fallait, avant toutes choses, trouver des personnes qui voulussent s'y prêter; il fallait encore, après les avoir trouvées, les former à un emploi qui demande beaucoup de capacité et de vertu, et plus de vertu que de capacité. Ces deux choses n'étaient pas aisées, et la seconde l'était encore moins que la première.

Après bien des essais, et encore plus de prières, le saint crut enfin pouvoir céder aux instances de madame Le Gras, qui, pleine de tendresse pour les pauvres, n'attendait depuis deux ans que la permission de son directeur pour se consacrer à leur service par un vœu irrévocable. Sur la fin de l'année 1633, il lui envoya trois ou quatre filles de la campagne qui paraissaient disposées aux plus pénibles fonctions de la charité. On reconnut bientôt les grands talens que Dieu avait donnés à la sainte veuve pour ce genre d'éducation. Ces premières filles, que le pressant besoin des pauvres ne lui permit pas de cultiver long-temps, édifièrent toutes les paroisses où on les envoya. Leur modestie, leur douceur, leur empressement à servir les malades, la sainteté de leur vie, charmèrent ceux qui en furent spectateurs. De si beaux exemples touchèrent plusieurs jeunes personnes de leur âge et de leur sexe, qui vinrent s'offrir pour rendre, comme elles, leurs très-humbles services à Jésus-Christ dans la personne de ses pauvres.

Voilà quels furent les commencemens de cette compagnie de vierges, qui, sous le nom de filles de la Charité, rendent de si grands services à l'humanité. Aussi petit dans sa naissance que le sénevé quand il est encore dans son germe, elle est, comme lui, devenue un grand arbre. Ses racines engraissées moins de la substance de la terre que de la rosée du ciel, se sont étendues dans toutes les parties de la France, dans la Lorraine, et jusque dans la Pologne; et nous verrons bientôt l'orphelin si long-temps abandonné, la veuve désolée, le soldat tout couvert de sang et de blessures, les pauvres honteux, les malades de toute espèce respirer à l'ombre de ses branches salutaires, y trouver la nourriture, la santé, la vie.

Vincent et sa pieuse coopératrice n'avaient ni prévu ni espéré des progrès si rapides et si étendus. Leur intention n'avait d'abord été que d'aider dans les paroisses ceux des malades qui étaient dépourvus des secours nécessaires. Les desseins de Dieu s'étant manifestés dans la suite, le saint instituteur les chargea peu à peu de l'éducation des enfans trouvés, de l'instruction des jeunes filles qui, faute de moyens, en étaient privées, du soin d'un grand nombre d'hôpitaux, et même des criminels condamnés aux galères. Comme ces diverses occupations font en quelque sorte d'une seule compagnie plusieurs communautés, le saint prêtre leur donna des règles générales et particulières pour soutenir le corps tout entier et les différentes parties qui le composent.

Selon ces règles, qui ont toujours passé pour un chef-d'œuvre de sagesse, les filles de la Charité doivent, avant toutes choses, se bien convaincre que Dieu les a réunies pour honorer Jésus-Christ Notre Seigneur, comme la source et le modèle de toute charité, en lui rendant, en la personne des pauvres vieillards, des enfans, des malades, des prisonniers, tous les services corporels ou spirituels dont elles sont capables; que, pour répondre à une vocation si sainte, elles doivent joindre les exercices intérieurs de la vie spirituelle aux emplois exterieurs de la charité chrétienne; que, quoiqu'elles ne soient ni ne puissent être religieuses, parce que l'état de religion est incompatible avec leurs emplois, elle doivent cependant mener une vie plus parfaite, s'il est possible, que ne l'est celle des plus saintes religieuses, parce qu'elles sont beaucoup plus exposées; que, comme la pureté, vertu difficile et d'une étendu infinie, leur est indispensablement nécessaire, elles doivent écarter, par les plus sévères précautions, tout ce qui pourrait blesser les yeux de Dieu et du prochain, et que leur vigilance sur elles-mêmes doit redoubler lorsque la charité les oblige à se répandre dans le monde, à y traiter avec les personnes d'un sexe différent, à soigner les malades, et même les moribonds.

Comme rien n'est plus propre à nourrir la vertu que la mortification de ce corps de péché qui nous suit partout, et une fidélité inviolable à tous les exercices d'une solide piété, elles ont, par rapport à l'un et à l'autre, des règlemens qui ne laissent rien à désirer, et qui exigent beaucoup en paraissant exiger assez peu. On ne leur prescrit ni l'usage du cilice ni les autres sévérités du cloître. Leur grande pénitence doit être la vie commune. Se lever l'été et l'hiver à quatre heures du matin, faire deux fois par jour l'oraison mentale, vivre très-frugalement, n'user de vin que dans les maladies qui pourraient en exiger, rendre aux malades les services les plus dégoûtans, les veiller tour à tour durant les nuits entières, ne compter pour rien ni l'infection des hôpitaux, ni l'air empoisonné qu'on y respire, ni les horreurs de la mort et des mourans, voilà le genre de mortification des filles de la Charité : si c'en est assez pour des hommes vigoureux, c'en est bien autant qu'il en faut pour des personnes naturellement faibles.

Pour ce qui est de leurs exercices de piété, il y en a qui sont de règle commune; il y en a d'autres sur lesquels elles doivent s'en rapporter à leur confesseur. Mais les uns et les autres sont toujours subordonnés aux besoins du prochain. Au premier cris du pauvre, elles doivent voler à son secours. Mais quelque zèle qu'elles doivent avoir pour procurer aux malades la santé du corps, elles doivent beaucoup plus encore s'intéresser au salut de leurs âmes. Comme le voyage de l'éternité ne se fait qu'une fois, que le point capital est de le bien faire, et que pour cela il faut de grandes dispositions, elles doivent, pour en remplir l'esprit et le cœur des moribons, profiter des momens qui leur restent. Il faut d'abord qu'elles s'efforcent de leur inspirer une sainte horreur de leurs péchés; que, s'il en est encore temps, elles les disposent d'une manière vive, mais générale, à une confession exacte de toutes leurs misères; que, si le temps presse, elles les aident à concevoir une douleur sincère de leurs déréglemens passés, et une ferme résolution de mourir plutôt que d'y retomber jamais, etc.

Ces réglemens, après avoir été pratiqués pendant près de vingt années, furent approuvés par le cardinal de Retz, archevêque de Paris. Le roi confirma le fond même de l'établissement par ses lettres-patentes, qui sont un monument éternel de sa piété et de l'estime qu'on faisait déjà partout de ces vertueuses filles. Dans la suite, elles méritèrent de plus grands éloges, non à raison de leurs emplois, qui ont toujours été les mêmes, mais à raison des personnes qui les remplirent. Vincent, ayant cru que Dieu bénirait plus particulièrement des pauvres qui serviraient d'autres pauvres, n'admit pendant un bon nombre d'années, dans la nouvelle communauté, que des personnes d'une naissance assez médiocre. Mais de jeunes filles de condition s'étant offertes pour partager avec les premières, l'abjection et le mérite de leurs emplois, ont crut qu'il n'était pas juste de leur fermer une porte que Dieu même paraissait leur ouvrir. On résolut donc de faire un essai, et cet essai fut tout-à-fait heureux. On vit alors, et on le voit encore aujourd'hui, des filles nourries dans la délicatesse et vêtues d'habits précieux, embrasser un état où la nature a beaucoup à souffrir, honorer comme leurs maîtres des malheureux de toute espèce qui n'auraient pas été admis à les servir dans le monde, et porter avec plus de joie un habit vil et grossier, que les filles du siècle n'en ont à porter leurs parures presque toujours mondaines et souvent scandaleuses.

Le saint instituteur, de quelque condition qu'aient été les filles de la Charité, eut toujours pour elles un respect particulier. Le seul nom de servantes des pauvres attendrissait ce père de tous les affligés. La protection que Dieu accorde à ceux qui le serve dans ses membres, le rassurait contre les dangers sans nombre auxquels est exposée leur vertu. Il a envoyé ces filles tantôt dans les armées, pour avoir soin des soldats blessés ou malades; tantôt jusque dans la Pologne, au travers de l'Allemagne, et d'une multitude de pays hérétiques, sans avoir jamais paru craindre pour elles ce qu'il eût appréhendé pour d'autres. Il a quelquefois semblé leur promettre que le Ciel ferait en leur faveur des miracles plutôt que de les abandonner, et le Ciel a plus d'une fois justifié ses prédictions. En voici un exemple dont tout Paris fut témoin, et où l'incrédulité même aurait peine à méconnaître le doigt de Dieu.

Une de ces vertueuses filles étant allée servir un malade dans une maison du faubourg Saint-Germain, à peine y fut-elle entrée, que tout l'édifice, quoique presque neuf, s'écroula de fond en comble. De trente personnes qui étaient dans le bâtiment, il n'y en eut pas une qui ne fut ensevelie sous ses ruines, à l'exception d'un petit enfant qui fut blessé, et de la sœur dont nous parlons, qui ne fut pas même effleurée. Elle se trouva pendant ce violent orage sur un coin de plancher qui ne tomba pas, quoique tout le reste du même plancher s'écroulât. Une grêle de pierres, de poutres, des olives, de coffres, d'armoires qui se précipitaient des étages supérieurs, rasèrent de bien près le lieu où elle était; mais ils parurent la respecter : elle sortit saine et sauve de cet amas de débris, au milieu des acclamations d'un peuple infini, que le bruit et le fracas avaient rassemblé.

Le service que rendit aux pauvres Vincent de Paule, en leur procurant une communauté qui n'a d'autre objet que celui de les soulager, fut bientôt suivi d'un nouvel établissement qui fut pour ces mêmes pauvres une source de biens. Il établit en faveur de l'Hôtel-Dieu une compagnie de dames pieuses dont il fut nommé le directeur perpétuel. En peu d'années, elle devint si florissante, qu'on y comptait plus de deux cents dames dont quelques-unes, comme la duchesse de Mantoue, étaient nées pour porter le diadème. Plus elles témoignait de bonne volonté et d'ardeur, plus notre saint reconnut combien il était important de diriger leur zèle. C'est pour cela qu'il leur prescrivit des règles dont il fut convenu qu'on ne s'écarterait pas. Comme il avait le coup d'œil admirable, et qu'il envisageait les objets dans toute leur étendue, il remarqua qu'il s'agissait, 1º. de faire du bien, sans reprocher à ceux qui en étaient chargés, qu'ils l'avaient omis; 2º. de le faire à la vue de tous ceux qui voudraient en être témoins; 3º. enfin, de le faire des infirmes, souvent plus à plaindre du côté de l'âme, qu'ils ne l'étaient du côté du corps.

Ce projet fut exécuté dans tous ces points, et réussit. Ces dames, par leurs manières aimables et respectueuses, gagnèrent le cœur des religieuses de la maison. Elles eurent toute liberté de parcourir les salles pour consoler les pauvres, pour parler de Dieu, les porter à faire un bon usage de leurs infirmités. Elles les disposèrent à faire de bonnes confessions, en ne semblant que leur raconter la manière dont on les y avait disposées elles-mêmes. Elles leur procurèrent des directeurs éclairés, et qui savaient différentes langues, secours dont ils avaient manqué jusque-là. Elles bannirent l'abus d'exiger des malades qu'ils se confessassent en entrant; abus qui produisait une foule de sacriléges, et en vertu duquel les calvinistes, dans la crainte d'être moins bien traités, se confessaient comme les autres. A ces secours qui regardaient l'âme, on joignit, je ne dis pas des alimens, je dis des douceurs pour le corps. Chaque jour les filles de la Charité, dans une maison qui fut louée exprès dans le voisinage, préparaient pour un millier de malades, des biscuits, des confitures, de la gelée, des fruits même, selon la saison et le degré de leur convalescence. On n'est capable de ces attentions, que quand on regarde les pauvres comme ses enfans; mais on ne les regarde comme tels, que quand une foi vive les fait regarder comme l'image d'un Dieu chargé de nos langueurs et de nos infirmités.

Le spectacle d'un nombre de femmes de la première condition, qui tour à tour s'acquittaient de ces exercices de charité avec une attention et des grâces dont les domestiques ne sont pas capables, ce spectacle, dis-je, attendrit le peuple et la noblesse. Les pauvres, qui y avaient plus de part que personne, en furent extrêmement touchés; et, s'il est permis de juger de la conversion des mœurs par les conversions qui se firent en matière de religion, on peut se prêter aux plus favorables conjectures, puisque dans le cours d'une seule année, qui fut celle-là même où cette bonne œuvre commença, il y eut plus de sept cent soixante, tant Turcs que calvinistes et luthériens, dont plusieurs avaient été blessés et pris sur mer, qui embrassèrent la foi catholique. On était même si persuadé dans Paris qu'il y avait une bénédiction particulière attachée aux travaux de la nouvelle compagnie, qu'une honnête bourgeoise demanda et obtint d'être reçue à l'Hôtel-Dieu, en payant très-largement sa dépense, à condition qu'elle y serait assistée, comme l'étaient actuellement les pauvres de la maison.

Malgré ces occupations et plusieurs autres qu'y ajoutait l'archevêque de Paris, Vincent poursuivait toujours ses deux premiers projets touchant la réforme du clergé et l'instruction des peuples de la campagne.

A l'égard de l'instruction des peuples de la campagne, le saint y multipliait les missions à mesure que Dieu multipliait sa compagnie. Peu à

u ses prêtres parcoururent une grande partie
 nos provinces. Celles qui étaient les plus
posées à la contagion de l'hérésie, furent com-
unément préférées aux autres, parce que les
soins en étaient plus urgens. C'est par cette
son qu'il voulut que deux de ses missionnaires
vaillassent deux années entières dans le diocèse
 Montauban; et, quoiqu'ils y eussent été prin-
palement envoyés pour fixer dans la foi les
holiques qui étaient en danger de la perdre,
eu leur fit la grâce de convertir vingt-quatre
vinistes. Ils n'eurent pas moins de succès dans
 diocèse de Bordeaux. Comme on évitait dans
 sermons tout ce qui eût pu sentir la dispute,
'y trouvait toujours un bon nombre de préten-
s réformés : mais, comme on avait soin de
ttre en tout son jour la beauté de notre sainte
igion, il y en avait toujours quelques-uns qui
enaient à l'unité.

l semble que ces succès, dont les prélats, les
és, les seigneurs de paroisse, informaient
ctement le saint prêtre, ne pouvaient que le
soler; cependant ils alarmèrent plus d'une
 l'amitié éminemment chrétienne qu'il avait
r ses enfans. Il craignait que les bénédictions
ils recevaient des pasteurs et des peuples
ffaiblissent enfin leur humilité. A l'exemple
 saint homme Job, il se sanctifiait pour eux,
l offrait tous les matins la victime d'expiation
ur les fautes qu'ils auraient pu commettre en
genre. Cette précaution ne suffisait pas à sa
dresse-effrayée. Il avait soin, en les félicitant

sur les conquêtes spirituelles, de les ramener
celui qui en était l'auteur. Il ne manquait p[as]
non plus de s'associer à leurs fonctions, tout[es]
les fois que les grandes affaires dont il éta[it]
chargé lui donnait un peu de répit, et il cho[i]
sissait alors les missions les plus pénibles. C'e[st]
vraisemblablement par cette raison qu'il av[ait]
formé le dessein de se mettre à la tête des sie[ns]
pour en commencer une dans les Cévennes, q[ui]
mérite bien de n'être pas oubliée ici. De no[u]
veaux embarras et une chute dangereuse qu'il [fit]
dans ce même temps, ne lui permirent pas d'ex[é]
cuter ce grand dessein. Deux de ses prêtres p[ri]
rent sa place. Ils travaillèrent pendant près [de]
deux ans dans ce pays, et Dieu bénit leur pa[]
tience.

Quelques temps après, le roi en proposa u[n]
autre à Vincent de Paule. Les affaires étaie[nt]
alors fort brouillées en France. Le feu de la guerr[e]
après avoir ravagé les extrémités, pénétrait pe[u]
à peu jusqu'au centre du royaume. Les Esp[a]
gnols, sous la conduite du fameux Jean de We[rt]
et du prince Thomas, prirent en peu de jours [la]
Capelle, le Catelet et Corbie. La perte de cet[te]
dernière place jeta une si grande consternatio[n]
dans Paris, que quantité d'habitans en sortire[nt]
avec leurs meilleurs effets. Le cardinal d[e]
Richelieu, qui était entré dans la capitale pou[r]
rassurer le peuple, y fit aussitôt lever vingt mil[le]
hommes, la plupart laquais ou apprentis. Le[s]
Parisiens, effrayés, donnèrent plus qu'on n[e]
voulut pour l'entretien de cette milice. La maiso[n]

de Saint-Lazare, qui faisait alors sa retraite annuelle, servit de place d'armes, et dans l'espace de huit jours on y dressa soixante-douze compagnies. Le roi, qui crut que tout lui réussirait contre ses ennemis, s'il était assez heureux pour mettre dans ces intérêts le Dieu des armées, avait voulu qu'on travaillât à la sanctification de ses troupes; et ce fut de la part de ce religieux prince, que M. le chancelier donna ordre à Vincent de Paule d'envoyer au camp vingt de ses missionnaires. Le bruit trop bien fondé qu'une maladie contagieuse affligeait les troupes fut à ces dignes ouvriers un motif de hâter leur départ; et Vincent comptait si fort sur leur zèle, que, pour en faire partir un avec plus de diligence, il se contenta de lui écrire que la peste était dans l'armée.

La fidélité au sage réglement que le saint leur donna, selon sa coutume, attira la bénédiction du Ciel sur ces dignes ministres et sur leurs travaux : et, dès le 20 septembre 1636, il y avait déjà quatre mille soldats qui s'étaient approchés du tribunal de la pénitence, avec une grande effusion de larmes. Cette mission, qui campait et décampait presque tous les jours, ne servit pas seulement aux troupes du roi, elle fut encore utile à un grand nombre de paroisses où l'armée séjournait, et qui, avec l'agrément des évêques, profitèrent de l'occasion que Dieu leur fournissait pour se réconcilier à lui. Plusieurs, tant militaires qu'habitans du pays, moururent d'une manière édifiante. Au reste, comme il est d'expérience que ceux qui portent les armes ne sont jamais plus intrépides que lorsqu'ils sont bien avec Dieu, cette armée, quoique composée en partie de nouvelles troupes, fit des merveilles. Corbie, que les Espagnols avaient fortifié autant qu'il l'avaient pu, fit sa capitulation après huit jours de tranchée ouverte. Sa reddition mit l'alarme dans toute la Flandre. La Picardie respira, et les habitans de Paris se crurent en sûreté chez eux. Les prêtres de la mission y revinrent les uns après les autres, fatigués à n'en pouvoir plus. Quelques-uns d'eux avaient été attaqués de la maladie contagieuse; mais Dieu conserva ces ouvriers à son Eglise, et ils ne tardèrent pas à lui rendre de nouveaux services dans plusieurs autres missions.

Les bonnes œuvres qui occupaient Vincent de Paule ne lui firent pas oublier les filles de saint François de Sales. Il fit en 1637 la visite de deux de leurs maisons. Il y vit avec un sensible plaisir tout ce que la piété, la paix, l'union ont de plus doux et de plus consolant. Il faut cependant avouer qu'il y trouva une fois un objet bien capable de toucher un cœur comme le sien, et de lui faire admirer les rigoureuses épreuves par où Dieu veut de temps en temps faire passer ses élus.

Une religieuse d'un vrai mérite fut tout d'un coup livrée à une tentation pour le moins aussi violente que l'était celle du docteur que notre saint délivra, lorsqu'il était aumônier de la reine Marguerite. Cette fille, qui jusque-là était remplie d'amour pour Dieu, ne sentit plus que de l'horreur pour l'auguste sacrement de nos autels, et une aversion invincible pour tous les exercices de la religion. Dès qu'on l'exhortait à bénir le nom du Seigneur, l'esprit de blasphème la saisissait et la faisait éclater en imprécations. Dans l'accès de sa fureur, elle voulait se donner la mort, pour être, disait-elle, plus tôt dans l'enfer et y goûter la joie de maudire Dieu pendant toute l'éternité. La supérieure de la maison, après avoir inutilement épuisé tous les remèdes de l'art et une partie de ceux que fournit la religion, lui appliqua un petit morceau du rochet de saint François de Sales; mais cet expédient ne réussit que quelques jours après, lorsque Vincent y ayant joint dans le cours de sa visite de ferventes prières, fit lui-même l'application de la relique: comme si le saint évêque eût voulu faire connaître après sa mort, qu'il agréait les services qu'un prêtre, dont il avait honoré la vertu pendant sa vie, lui rendait en la personne de ses filles.

Quelque désir qu'eût notre saint de ne pas multiplier les établissemens de sa compagnie, il comprit qu'il ne pourrait long-temps résister aux sollicitations d'un nombre de personnes respectables qui, charmées du bien que faisaient ses missionnaires, lui en demandaient avec les plus vives instances. Le diocèse de Toul venait d'en obtenir. Le cardinal ministre, dont les prières valaient des ordres, en voulait et pour la ville de Richelieu et pour le diocèse de Luçon, dont il avait été évêque Pour remplir tous ces vides, notre saint prit le parti d'établir un séminaire interne où l'on devait recevoir non-seulement des prêtres déjà formés aux fonctions du ministère, comme on avait fait jusqu'alors, mais encore de jeunes gens moins avancés, et qui avaient besoin d'être cultivés plus long-temps.

Un emploi de cette importance demandait un directeur vertueux, capable, expérimenté, doux sans mollesse, ferme sans dureté, vigilant sans affectation, propre à humilier sans faire perdre courage, à ménager l'homme chancelant sans courber la règle, à fortifier son troupeau autant par l'exemple que par l'onction de la parole, à distinguer le vrai, le solide de ce qui n'en a que les apparences, et qui surtout possédât dans un haut degré le grand art du discernement des esprits. Vincent trouva toutes ces qualités dans la personne de Jean de la Salle, l'un de ses trois premiers associés. Il le chargea du soin de cette jeune et précieuse milice destinée à combattre un jour pour le salut des peuples; et, outre les avis qu'il lui donna, il voulut qu'il consultât ceux qui de son temps avaient la réputation de dresser avec plus de succès la jeunesse aux fonctions apostoliques.

Le serviteur de Dieu espéra toujours que la Providence qui avait fait naître sa congrégation, lui fournirait des sujets capables d'en remplir tous les devoirs. Sa grande maxime était, qu'il n'appartient qu'à Dieu de se choisir des ministres, et que les vocations que l'artifice enfante, et qu'une espèce de mauvaise foi entretient, déshonorent le troupeau en le multipliant.

Pour éviter le premier de ces deux défauts, il se fit une règle inviolable de ne jamais dire un mot à qui que ce fût, pour le déterminer à prendre parti dans son institut; et il défendit très-sévèrement aux siens d'y attirer jamais personne. Il ne souffrait pas même qu'on fît pencher de ce côté-là ceux qui paraissaient y avoir de l'inclination; et, lorsque quelqu'un balançait entre une autre compagnie et la sienne, il n'hésitait pas à décider contre celle-ci. « Oh! Monsieur, lui disait-il, nous ne sommes pas dignes d'entrer en comparaison avec cette autre sainte communauté. Allez-y, au nom de notre Seigneur, vous serez incomparablement mieux qu'avec nous. »

A l'égard de ceux qui, ayant déja pris une dernière résolution, le priaient de vouloir bien les agréer, il ne les recevait qu'avec bien de la circonspection. Il examinait leurs motifs, leurs dispositions, leurs talens, leurs familles. Il leur représentait avec une sorte d'exagération les difficultés attachées à l'état qu'ils voulaient embrasser. Il leur demandait s'ils auraient assez de force pour dire un éternel adieu à leurs parens, à leurs plus tendres amis, à leur patrie même, en cas qu'on voulût les faire passer dans les pays étrangers. Les réponses les plus précises de leur part, réponses qui coûtent souvent assez peu à une jeunesse qui ne voit les choses que de loin, ne suffisaient pas à ce sage instituteur. Il les obligeait à revenir plusieurs fois, afin de les mieux connaître; et, quelque épreuve qu'il eût faite de leurs dispositions et de leur persévérance, il ne donnait jamais parole, qu'après leur avoir fait faire une retraite pour consulter la volonté de Dieu.

Pour éviter le second défaut, qui fait partie de ce que les lois appellent dol et mauvaise foi, le saint se donna bien de garde de ne présenter à la jeunesse que des fleurs pendant le temps de son épreuve, sauf à lui découvrir les épines quand elle aurait franchi le dernier pas de sa carrière. Le plan de son séminaire n'a rien qui puisse accabler la nature; mais il a tout ce qui est nécessaire pour faire sentir le poids des obligations qui en sont le terme. On n'y prescrit ni cilices, ni mortifications, ni d'autres jeûnes que ceux qui obligent le reste des fidèles ; mais en récompense on y exige ce qui d'ordinaire coûte beaucoup plus, une grande séparation du monde, une vie fort intérieure, bien de la fidélité à tous ses devoirs, et, s'il était possible, un fonds inépuisable de cette onction sainte qui doit un jour soutenir des hommes engagés par état aux plus pénibles fonctions du ministère. C'est dans cette vue qu'on les a toujours accoutumés à une vie pénible et laborieuse. Se lever exactement à quatre heures du matin pendant les hivers les plus rigoureux; vaquer deux fois par jour à la méditation, et toujours en commun; se nourrir de la lecture de ceux des livres de piété qui conviennent le mieux à de jeunes ecclésiastiques; ne passer aucun jour sans lire, et même sans apprendre quelque chose du Nouveau-Testament; se purifier par des confessions fréquentes; se fortifier par de saintes communions; se rendre compte à la fin de chaque mois, dans une petite retraite, du progrès que l'on a fait dans la vertu, ou plutôt de celui qu'on a manqué d'y faire, etc. : voilà en partie toute l'occupation du séminaire interne.

De cette carrière, quand on l'a bien fournie, on passe à celle des études. On n'y épouse les sentimens d'aucune école en particulier : Platon et Aristote y sont estimés, mais on y estime plus la vérité qu'Aristote ou Platon. La grande règle est de n'y regarder jamais comme vrai ce que l'Eglise condamne, et d'y réprouver tout ce qu'elle juge à propos de proscrire. Ce fut celle de Vincent de Paule, et ce sera toujours celle de ses véritables enfans.

Mais si ce saint homme veut que les siens s'instruisent à fond, et du dogme qu'ils sont obligés d'annoncer aux peuples, et de toutes les parties de la morale qui leur est nécessaire pour les bien conduire, son humilité, à qui rien n'échappe, lui fait prendre des mesures extraordinaires pour écarter d'eux l'enflure et la vanité qui n'accompagnent que trop souvent les talens et la science. Il n'a presque jamais permis que ses prêtres fissent imprimer. Lorsqu'il fut chargé de la direction des séminaires, il prouva, par un long et judicieux écrit, qu'il faut, avec l'agrément des évêques, se contenter d'y expliquer un auteur imprimé, sauf à faire remarquer les endroits où il s'est écarté du vrai. Il eût trouvé très-mauvais que les siens, quand ils assistaient à des actes publics dans l'université et ailleurs, ne s'y regardassent pas comme les derniers en tout sens, encore plus qu'ils eussent voulu y primer. En voici une exemple assez singulier et très-frappant.

Jacques Corborand de la Fosse, orateur, philosophe, théologien et poëte, s'avisa un jour d'aller à une tragédie qui devait se représenter dans un fameux collége de Paris, et d'y prendre une place qui était destinée à d'autres. Le principal lui fit dire par un domestique de se mettre ailleurs. La Fosse, que l'appareil du spectacle avait égayé, dit, en beau latin, à ce valet qui ne l'entendait point, qu'il se trouvait bien là et qu'il ne jugeait pas à propos d'en sortir. Le principal, sur ce rapport de son député, le prit pour un Hibernais et lui envoya un jeune régent, qui lui fit en latin le compliment qu'il avait déjà essuyé en français. La Fosse, qui possédait parfaitement la langue de Démosthène, lui fit en grec des complimens qui tous aboutissaient à lui faire sentir qu'il avait peine à changer de place. Ce professeur, qui n'était pas d'âge à être si instruit, étant demeuré muet, rendit compte à celui qui l'avait envoyé, du mauvais succès de sa mission. Le principal, fatigué de ces longueurs, lui députa le régent de rhéthorique; mais la Fosse lui parla hébreu. Ce fut alors qu'un savant homme de la compagnie le reconnut, et le plaça selon son mérite et avec beaucoup de distinction.

Comme il était tout plein de cette aventure,

ne fut pas plus tôt de retour à Saint-Lazare, qu'il la raconta indiscrètement à ses amis avec tout le feu de son imagination. Vincent en fut bientôt informé; et, quoiqu'il vît bien qu'il y avait dans le procédé de ce jeune prêtre plus de saillie que de dessein formé, il crut cependant devoir le mortifier un peu. Après lui avoir représenté qu'un homme véritablement humble ne cherche ni les premières places, ni à faire connaître ses talens dans les assemblées, il lui ordonna d'aller demander pardon au principal et à ceux des régens qu'il avait pu mal édifier. La Fosse, que ses talens n'enflèrent jamais, obéit sans répliquer. Comme il avait affaire à gens qui savaient estimer le mérite, il en fut reçu avec toutes sortes d'égards : on dit même qu'il fut si content d'eux, que, saisi de nouveau par son enthousiasme, il leur fit ses remercîmens en français, en latin, en grec et en hébreu ; mais, crainte d'une seconde leçon, il ne s'en vanta pas.

Avec cette attention à entretenir ses prêtres dans l'humilité, le serviteur de Dieu avait le talent de les soutenir dans le travail. Sans jamais les louer en leur présence, il savait nourrir en eux une simple émulation, et par son exemple, et par l'onction de ses paroles, et par le soin qu'il prenait de leur faire part des bénédictions que Dieu donnait aux travaux de leurs confrères. D'ailleurs, ils étaient tous très-justement persuadés de l'affection qu'il avait pour eux. Un père aime moins ses enfans, qu'il n'aimait ses missionnaires. Sa tendresse se faisait sentir jusque dans les réprimandes qu'il était obligé de faire quelquefois. Elles perdaient entre ses mains ce goût d'amertume qui semble en être inséparable.

C'était surtout dans les persécutions qu'ils avaient à essuyer, ou dans leurs maladies, qu'ils sentaient combien il était à eux. Il n'était pas de ces dévots qui, pleins d'attention pour eux-mêmes dans le temps de leurs infirmités, se contentent de donner pour les autres des ordres vagues, dont ils ne pressent que faiblement l'exécution. Vincent examinait par lui-même si les siens étaient traités comme le devaient être des hommes qui ne souffrent assez souvent que parce qu'un excès de travail les a épuisés, et il donnait, pour qu'ils fussent bien, des ordres si précis, que personne n'eût osé les enfreindre. Aussi les voyait-on voler au premier coup d'œil dans les pays les plus barbares, dans des provinces où régnaient la peste et la mort, parce qu'ils étaient certains d'y trouver ou les plus sûrs ménagemens de sa part, ou du côté de Dieu la couronne qu'il a préparée à ceux qui combattent jusqu'à la fin.

Ils lui donnèrent, dès le commencement de l'année suivante, une nouvelle preuve d'obéissance, dans une célèbre mission qui leur coûta beaucoup. Elle se fit à Saint-Germain, où le roi était avec toute sa cour. Vincent eût bien voulu qu'elle eût été faite par d'autres. Ses prêtres, nés pour le salut des pauvres gens de la campagne, lui paraissaient peu propres à évangéliser les grands du siècle. Mais, Louis XIII ayant persisté à vouloir de ses missionnaires, il fallut obéir. Les commencemens furent pénibles. La fermeté constante avec laquelle on voulut, dans le tribunal, obliger les femmes mondaines aux règles d'une exacte modestie, fit un bruit étonnant. On se plaignit hautement de la prétendue sévérité des confesseurs ; on les chanta sur tous les airs. Mais ces hommes, accoutumés à marcher sur la même ligne, continuèrent à prêcher l'évangile dans toute sa pureté, et à exclure de la participation des saints mystères ces personnes qui, quelquefois sans passion, se présentent de manière à l'exciter dans les autres et en perdre une infinité.

Toutefois le calme ne tarde pas à succéder à la tempête. L'onction de l'esprit de Dieu toucha les personnes qui avaient jeté les plus hauts cris. Elles devinrent si ferventes, que, s'étant associées à cette charitable confrérie dont nous avons parlé, elles servirent elles-mêmes les pauvres chacune à son tour et leur procurèrent des secours très-copieux. Il n'y eut presque personne de la maison du roi, qui ne s'efforçât de profiter de la grâce que le Ciel répandait avec abondance. Ce religieux prince en fut très-touché, et il eut la bonté de dire à un de ces dignes ministres de la parole, « qu'il était fort satisfait de tous les exercices de la mission ; que c'était ainsi qu'il fallait travailler pour avoir un heureux succès, et qu'il rendait ce témoignage partout. »

La reine était alors dans les premiers mois de sa grossesse, et elle donna cette même année à la France un dauphin, après vingt-deux ans de mariage. Pour témoigner à Dieu sa reconnaissance, elle fit de grandes et pieuses libéralités. L'estime qu'elle faisait de Vincent de Paule ne lui permit pas d'oublier la maison de Saint-Lazare. Elle fit présent à la sacristie, qui était fort pauvre, d'un ornement de toile d'argent. On le crut arrivé très à propos pour les fêtes de Noël. L'humilité du saint ne lui permit pas de le mettre. Il fallut absolument lui en donner un des plus médiocres.

Vincent était si pleinement et si saintement occupé depuis le matin jusqu'au soir que sa vie n'était qu'un tissu de bonnes œuvres. On ne peut encore aujourd'hui concevoir comment un homme assez infirme, et qui n'omit jamais ses exercices de piété, pouvait fournir à tant d'occupations disparates; répondre exactement à ce nombre prodigieux de lettres qu'il recevait de toutes parts; et former avec la dernière attention les deux compagnies qu'il avait instituées. Mais ces devoirs, qui suffiraient pour en épuiser d'autres, n'étaient qu'un jeu pour lui.

FIN DU LIVRE SECOND.

LIVRE TROISIÈME.

Quoique saint Vincent de Paule nous ait jusqu'ici donné des preuves de la vertu la plus exacte et de la charité la plus étendue, il faut cependant avouer que la carrière qu'il a fournie dans un âge avancé est infiniment plus brillante. Qu'on oublie donc, si on le peut, tout ce qu'il a fait pendant plus de quarante ans, on va encore trouver en lui de quoi le mettre en parallèle avec ces hommes de miséricorde qui ont fait honneur à l'Egilse dans ses plus beaux jours. La compassion pour les misérables et le zèle pour le salut des pécheurs vont faire ici, comme partout ailleurs, son premier caractère; mais, comme les occasions seront plus pressantes que jamais, on le verra aussi remplir d'une manière plus frappante et plus distinguée le glorieux nom de père des malheureux, que tout son siècle lui a donné.

La Lorraine et le duché de Bar furent le premier champ qui s'ouvrit à son zèle. Ces deux provinces, autrefois si peuplées, si fertiles, avaient depuis treize ans pour souverain Charles IV, prince vaillant, intrépide, avide de gloire, assez fort pour donner de l'inquiétude à ses voisins, trop faible pour se soutenir contre eux, toujours prêt à faire des accommodemens, et plus prêt encore à les rompre. Un héros de cette trempe avait tout ce qui est nécessaire aux méchans princes pour désoler leurs propres états; et il ne pouvait guère compter sur la protection du Dieu des armées, depuis surtout que, lassé de son épouse à qui il semblait devoir la couronne, il eut contracté un second et scandaleux mariage avec Béatrix de Cusance, princesse de Cantecroix.

Ce fut vers le temps où il était le plus occupé de ce criminel dessein, que la Lorraine devint un théâtre d'horreur. Les Impériaux, les Français, les Espagnols, les Suédois, les Lorrains eux-mêmes, la ravageaient tour à tour, et quelquefois tous ensemble. Le duc de Veymar, à la tête de ses troupes, que la diversité de religion rendait plus furieuses, fut celui qui la maltraita davantage. Ses soldats se conduisaient dans ce pays infortuné à peu près comme un lion furieux se conduit dans une bergerie qu'il a forcée. Plus de sûreté pour la pudeur des vierges, pas même dans le sein des monastères; plus de voyageurs dans les grands chemins; plus de troupeaux dans les campagnes; plus de laboureurs dans les champs; plus de repos pour un homme qui couchait à côté d'un autre homme, dans la juste crainte d'en être égorgé pour assouvir sa faim.

La plupart des villes, des bourgs et des villages étaient déserts; les autres étaient réduits en cendres. Ceux dont le soldat ne s'était point encore emparé, souffraient tout ce que la peste et la faim ont de plus horrible. Leurs habitans livides, hâves, défigurés, se trouvaient heureux, quand ils pouvaient manger en paix l'herbe et les racines des champs. Le gland et les fruits sauvages se vendaient au marché pour la nouriture de l'homme. Les animaux morts d'eux-mêmes, les charognes les plus infectes, étaient recherchés avec une avidité singulière qui tenait de la rage. Une mère s'en associait une autre pour manger avec elle son propre enfant, avec promesse de lui rendre la pareille. On pendit à la porte de Nanci un homme convaincu d'avoir tué sa sœur pour un pain de munition. Tout ce que les famines de Samarie et de Jérusalem ont de plus terrible l'était encore moins que ce qu'on vit alors. Nous ne savons pas que, pendant le siége de la ville sainte, les enfans aient dévoré ceux dont ils avaient reçu la vie : ces horreurs étaient réservées à la Lorraine, et je n'ose les rapporter que parce que j'ai devant les yeux des auteurs contemporains qui nous en ont transmis la funeste mémoire.

Les villes dont le roi s'était emparé, ou qui étaient déjà sous sa domination, comme Nanci, Bar, Toul, Pont-à-Mousson, et quelques autres, respirèrent un peu plus long-temps, mais elles suivirent enfin la destinée du reste de la province; et, dans le temps où nous a conduits notre histoire, elles étaient, comme toutes les autres, réduites à la dernière extrémité.

C'est dans cet état qu'étaient les choses, lorsque Vincent entreprit de se mettre entre les vivans et les morts, d'arrêter l'incendie qui dévorait la multitude, d'arborer l'étendard de la charité, dans un pays où la miséricorde était inconnue et où les lois ne rendaient plus qu'un son aussi mourant que ceux qui les avaient portées.

Le serviteur de Dieu réchauffa, par le feu de ses discours, l'esprit de compassion, si nécessaire, mais si rare dans de pareilles conjonctures. Il mit en mouvement les pieuses dames de son assemblée. Il eut recours même à la reine, quoiqu'elle n'eût point lieu d'être contente du pays pour lequel on la sollicitait. Il donna toujours le premier l'exemple d'une sainte et généreuse libéralité. Il aima mieux, en quelque sorte, voir souffrir ceux de sa congrégation, que de voir plus long-temps souffrir les pauvres de Jésus-Christ. Il réduisit la communauté au pain bis. Ses enfans ne murmuraient pas, parce qu'il suivait, avec plus de rigueur que personne, la loi qu'il imposait aux autres.

Les peines qu'il se donna ne furent pas infructueuses. Il se vit peu à peu en état de sauver la vie, et souvent l'honneur, aux habitans de vingt-cinq villes, et d'un nombre infini de bourgs et de villages qui étaient aux abois. Il fit passer à des malades, qui souvent étaient couchés dans les places publiques, tous les genres de secours qu'ils pouvaient attendre de la plus sensible charité. Il vêtit non seulement un nombre prodigieux de gens du peuple, de tout âge et de tout sexe, mais encore quantité de filles de condition qui étaient sur le point de périr, quantité de religieux dont les monastères avaient été ravagés, quantité de vierges consacrées à Dieu.

Comme une sage économie dans le maniement

des aumônes est un des meilleurs moyens dont on puisse se servir pour ménager ceux qui les font, et les rendre utiles à ceux qui les reçoivent, Vincent prit, dans la distribution qu'il fut chargé d'en faire, toutes les mesures d'une prudence consommée. Il envoya douze de ses missionnaires pleins de zèle et d'intelligence en différens endroits du pays; il leur associa quelques frères de sa congrégation qui savaient la médecine et la chirurgie. Il leur dressa un long et sage réglement, au moyen duquel ils ne pouvaient offenser ni les évêques, ni les gouverneurs, ni les magistrats. Il leur prescrivit de consulter les curés, ou, quand il n'y en avait point, ce qui arrivait souvent, les personnes les plus qualifiées des lieux, afin d'éviter la surprise, et de proportionner les secours aux besoins, au nombre et à la condition. Quoique les dames de son assemblée s'en rapportassent absolument à lui sur l'emploi des grandes sommes qu'elles lui mettaient entre les mains, il ne fit jamais rien sans prendre leurs avis, et assez souvent les ordres de la reine, afin de suivre en tout l'intention des bienfaiteurs. C'est en suivant ce plan, qu'il sut contenter tout le monde.

La ville de Toul fut la première qui éprouva les bontés de Vincent de Paule. Ses missionnaires y rendirent les plus importans services.

Mais ce premier secours ne fut qu'un essai de celui qu'on porta aux habitans de Metz. Cette ville était de beaucoup plus affligée que celle de Toul. Le concours des pauvres qui l'assiégeaient au dedans et au dehors avaient quelque chose de terrible. C'était comme un armée de malheureux de tout âge et de tout sexe, qui montait quelquefois jusqu'à quatre ou cinq mille personnes. Tous les matins, on en trouvait dix ou douze de morts, sans compter ceux qui, surpris à l'écart, étaient la proie des bêtes carnassières; car des loups furieux étaient encore une des plaies dont Dieu frappait ce peuple infortuné. Les bourgs et les villages en étaient infestés : ils entraient même pendant la nuit dans les villes par les brèches des murailles, et ils enlevaient tout ce qui pouvait assouvir leur faim indomptable. Elle n'était que l'expression de celle des habitans. On lui écrivit du château de Varize, qu'on venait de lui apporter un chaudron où étaient à demi cuits les pieds, les mains et la tête d'une fille, dont une veuve avait préparé un repas à ses enfans, qui n'avaient point mangé depuis plusieurs jours.

Telle était la situation de Metz et de ses environs; mais ce n'était là qu'une partie des disgrâces de ce malheureux pays. L'honneur de ses vierges les plus pures étaient en danger. La famine, mère de tous les excès, était sur le point de porter plusieurs communautés religieuses à rompre leur clôture, dans un temps où les plus fortes murailles n'étaient qu'un faible rempart contre la licence. Toutes les ressources étaient fermées; Vincent sut en trouver d'abondantes. Il dépêcha en toute diligence quelques-uns de ses prêtres, pour conserver la vie des uns, l'honneur des autres, et tâcher de les sauver tous. Les choses changèrent de face, et Metz commença bientôt à respirer.

Quelque désir qu'eût le serviteur de Dieu de soulager en même temps toute la Lorraine, cela ne lui fut pas possible. Les premières aumônes qu'il avait envoyées à Toul et à Metz, celles qu'il envoya bientôt après à Nancy et à Verdun, où ses prêtres séjournèrent au moins trois ans, montaient si haut, qu'elles épuisèrent, dès le commencement, et sa maison, qu'il taxait toujours la première, et celles d'un bon nombre de dames charitables qui étaient son asile, lorsqu'il s'agissait du besoin des pauvres. Ce ne fut donc que sur la fin de la même année 1639, qu'il envoya de ses prêtres à Bar-le-Duc, et, quelques mois après, à Saint-Mihiel et à Pont-à-Mousson.

Au reste, ce ne fut pas seulement dans leur patrie que les Lorrains éprouvèrent la charité de Vincent de Paule. Il y en eut un très-grand nombre qui la ressentirent à Paris. Le saint, ayant été averti par les siens qu'il y avait dans cette province plusieurs filles, même de condition, qui, privés de parens et de tous secours, se trouvaient exposées à l'insolence de l'officier et du soldat, en fit venir, à diverses reprises, cent soixante, qu'un de ses prêtres défraya pendant la route. On y joignit un grand nombre de petits garçons qui périssaient. Vincent partagea aussitôt avec madame Le Gras le soin de cette nouvelle colonie. La pieuse veuve reçut chez elle les personnes de son sexe, et les plaça peu à peu chacune selon sa condition. Le serviteur de Dieu se chargea des jeunes garçons; il les reçut chez lui, et les nourrit, en attendant qu'il pût les mettre en service.

Il ne fut pas long-temps nécessaire d'inviter les habitans de la Lorraine à passer en France. La main de Dieu continuait à porter de si rudes coups à cette province, qu'on voyait ceux de ses peuples qui n'étaient pas sous la domination du roi, sortir comme en caravane, se glisser à travers les armées ennemies et hasarder tout pour chercher un asile à Paris ou dans les autres villes du royaume. Un grand nombre de ces pauvres réfugiés venaient en droiture à Saint-Lazare, où ils étaient sûrs de trouver un homme chez qui tous les peuples n'en faisaient qu'un en Jésus-Christ, et qui, lorsqu'il s'agissait de remplir les devoirs de la charité, avait soin de l'étranger, sans préjudice du citoyen. Il fallait un cœur aussi vaste que le sien, pour ne pas se rebuter d'un concours qui ne finissait point. Mais une libéralité sainte était comme le fonds de son tempérament. Il trouva le moyen de fournir à tous leurs besoins.

Comme les malheurs de la Lorraine continuaient toujours, et que Charles IV, plus avide de sièges et de batailles, qu'attentif à la tranquillité de son peuple, semblait avoir juré sa ruine et celle de ses sujets, un bon nombre de personnes de condition emportèrent ce qu'elles purent du débris de leur fortune, et s'en vinrent à Paris. Mais, après y avoir tout dépensé, elles se trouvèrent pour la plupart réduites à un besoin d'autant plus fâcheux qu'elles n'osaient le découvrir. Une personne d'honneur en donna avis au saint prêtre, et lui proposa de leur tendre la main. Vincent, qui, depuis plusieurs années, mettaient à contribution et sa maison et ses meilleurs amis, eût naturellement dû se trouvé fort embarrassé d'une pareille proposition; cependant il l'accepta non seulement avec joie, mais encore avec reconnaissance : « Oh! Monsieur, répondit-il, que vous me faites plaisir! oui, il est juste de soulager cette pauvre noblesse pour honorer notre Seigneur qui est très-noble et très-pauvre tout ensemble. »

Pour exécuter ce nouveau projet, le saint résolut de former une association de seigneurs, qui, pleins de foi et de sentimens, se fissent un bonheur de rendre à des gens de condition, comme eux, tous les services qu'ils eussent voulu en recevoir eux-mêmes dans une semblable conjoncture. Il en rassembla sept ou huit de ce caractère. Il leur parla d'une manière si touchante, qu'il fut arrêté que tous se cotiseraient pour tirer d'embarras cette noblesse affligée. Vincent sut si bien, de mois en mois, entretenir leur première ferveur, qu'elle continua pendant près de vingt ans. On peut, sans hésiter, mettre cette illustre assemblée au nombre des grandes œuvres dont notre saint a été le promoteur. Il lui fallut d'autant plus de courage pour n'abandonner ni la Lorraine ni ses habitans, que, dans ce temps-là même, le serviteur de Dieu fut obligé d'en assister d'autres qui ne le cédaient aux premiers ni en naissance ni en besoin.

L'Angleterre, née, ce semble, pour être le théâtre des plus surprenantes révolutions, avait pris les armes contre son roi. Olivier Cromwel, à qui son éloquence, son intrépidité, sa dissimulation profonde, sa noire hypocrisie, son humeur vindicative, donnaient abondamment ce qui peut former ces illustres scélérats auxquels les crimes du premier ordre sont réservés, Cromwel, dis-je, sous prétexte de rétablir la pureté de l'évangile, accoutumait peu à peu le peuple et la chambre haute du parlement à ne voir qu'un tyran dans la personne de son prince légitime, et il découvrait de loin, et par degrés, à Charles Ier lui-même, le honteux échafaud sur lequel, quelques années après, ses propres sujets le firent monter. Il est aisé de juger que, pendant le cours d'une si terrible émotion, les catholiques avaient tout à craindre de la fureur des factieux : c'est ce qui détermina un bon nombre de seigneurs écossais et anglais à se retirer en France, asile ordinaire de la religion persécutée. Il fut résolu dans la nouvelle assemblée des seigneurs, qu'on ferait, pour cette noblesse anglaise, ce qu'on faisait pour la noblesse de Lorraine.

Quand le saint prêtre n'aurait contribué à tant de biens que par ses exhortations et par les mouvemens continuels qu'il fut obligé de se donner pendant une si longue suite d'années, il n'en faudrait pas davantage pour rendre sa mémoire précieuse à tous ceux qui connaissent le mérite de la charité chrétienne. Car enfin on sait ce qu'il en coûte pour demander sans cesse, lors même qu'on ne demande pas pour soi. Mais le serviteur de Dieu ne se bornait pas aux paroles ; il était toujours le premier à donner. Il ouvrit son cœur et sa bourse, de sorte qu'il se privait du nécessaire pour achever le bien commencé. Il ne compta jamais les dépenses énormes qu'il fut obligé de faire. Ce qui le toucha profondément pendant le cours d'une guerre si longue et si sanglante, ce furent le blasphème, la licence, les sacriléges, la profanation des choses les plus saintes, les cruautés exercées sur un million de personnes souvent innocentes, la ruine d'un grand nombre de familles qui se trouvaient exposées à tous les crimes que traîne après soi une excessive indigence.

La misère continua plus ou moins en Lorraine; et notre saint, sans arrêter le cours de ses anciennes aumônes, en fit couler de nouvelles dans les villes de Château-Salins, de Dieuse, de Marsal, de Moyenvic, de Remiremont, d'Epinal, de Mirecourt, de Châtel-sur-Moselle, de Stenai et de Rambervilliers.

Il est difficile de faire un calcul exact de toutes les sommes que Vincent répandit dans la Lorraine. Celui qui les porta les fait monter à un million six cent mille livres d'argent monnayé, somme avec laquelle on faisait alors ce qu'on ne ferait peut-être pas aujourd'hui avec trois millions, et qui, quoique très-considérable en elle-même l'était encore plus dans un temps où la misère était extrême, et où les meilleurs familles se trouvaient à l'étroit. Ce ne fut cependant là qu'une partie de ce que fit le saint prêtre en faveur des deux duchés; il y envoya de plus, à diverses reprises, environ quatorze mille aunes de draperies de toute espèce, pour couvrir la noblesse, la bourgeoisie, les personnes consacrées au service de Dieu, et souvent des familles entières dont les besoins faisaient trembler. Si l'on joint à cette prodigieuse dépense celle qu'il fallut faire, soit pour donner aux églises dépouillées du linge et des ornemens, soit pour conduire à Paris les jeunes personnes dont nous avons parlé, soit pour y faire subsister, jusqu'à ce qu'on leur eût trouvé des places, ceux du peuple qui y venaient d'eux-mêmes, soit enfin pour y entretenir, durant plusieurs années, tant de familles respectables qui étaient dans l'état du monde le plus fâcheux, il faudra que les ennemis mêmes d'un saint qui devrait n'avoir que des admirateurs, tombent d'accord que ce qu'il a fait en faveur des Lorrains tient du miracle, et qu'on ne peut y méconnaître l'opération de la plus généreuse et de la plus persuasive charité.

Je ne dois pas omettre ici une circonstance qui fut alors et qui doit encore aujourd'hui être regardée comme une preuve sensible de la protection de Dieu. Il y avait, dans ce temps de misère et de carnage, un danger infini à voyager en Loraine. Tout y était plein de soldats, de voleurs, de bandits, qui couraient la campagne, et dont les plus modérés étaient ceux qui se contentaient de dépouiller les passans. Ce fut à travers tant de périls qu'un frère de la mission, chargé par saint Vincent de porter les aumônes, fit, sans aucun accident, jusqu'à cinquante-quatre voyages. Il ne portait jamais moins de vingt mille livres. Il porta souvent dix ou onze mille écus en or, et une fois cinquante mille livres. Il est vrai qu'il était adroit et intelligent ; mais il éprouva toujours, à n'en pouvoir douter, que le Dieu de Vincent de Paule était avec lui et qu'il le gardait dans toutes ses voies.

Quelquefois il s'unissait à un convoi ; ce convoi était attaqué, battu, enlevé, et le frère trouvait moyen d'échapper aux assaillans. D'autres fois il s'associait à des voyageurs, il les quittait pour un moment par un ordre secret de la Providence, et dans ce moment même ils étaient dépouillés par des voleurs qui ne l'avaient point encore aperçu. Il passa souvent par des bois remplis de soldats débandés : dès qu'il les découvrait, il cachait dans le premier buisson, ou dans la boue, sa bourse, qu'il portait ordinairement dans une besace déchirée à la façon des gueux, et de là il s'en allait à eux comme un homme qui n'a rien à craindre. Il continuait sa route pendant quelque temps, et, dès qu'ils avaient quitté leur poste, il revenait sur ses pas, et prenait son argent. Un jour qu'il était chargé de trente-quatre mille livres, il se vit tout d'un coup assailli par un homme bien monté, qui, le pistolet à la main, le fit marcher devant lui pour le fouiller à l'écart. Le frère, qui l'observait de temps en temps, l'ayant vu tourner la tête, laissa tomber sa bourse. Cent pas après, il se mit à faire au cavalier de grandes révérences, qui, fortement imprimées dans une terre de labour, pussent lui servir à retrouver son trésor. Il le retrouva, en effet, après avoir essuyé une visite rigoureuse. Le public fut enfin si persuadé qu'il y avait là du merveilleux, qu'on se croyait moins exposé quand on voyageait avec ce bon frère.

Lorsqu'il revint à Paris, la reine qu'on avait informée de son manége voulut le voir. Elle entendit plusieurs fois, avec un plaisir infini, le récit de ses stratagèmes et l'adresse avec laquelle il les variait quand les premiers etaient usés. Pour lui, il fut bien persuadé, et répéta souvent qu'une protection si visible était un effet de la foi et des prières du saint homme qui l'envoyait. Ce fut à ses mêmes prières que ceux de ses prêtres qui distribuaient les aumônes attribuèrent plus d'une fois la multiplication qui s'en faisait entre leurs mains, et sans laquelle ils ne pouvaient concevoir comment avec des sommes qui, lorsqu'elles étaient divisées en vingt-cinq ou trente parties, devenaient très-modiques, ils pouvaient soulager tant de pauvres et remédier à tant de besoins différens.

L'embarras où le déplorable état de la Lorraine mit notre saint ne suspendit pas les services spirituels qu'il s'était chargé de rendre aux pauvres de la campagne. Ses prêtres, pendant les trois premières années où cette province occupa davantage, firent plus de soixante-dix missions. Dès le commencement de l'année

1640, il en envoya une colonie à Annecy, où elle rendit les plus grands services.

Ce fut en 1642 que la congrégation de la mission eut enfin un établissement fixe à Rome. Urbain VIII chargea ceux que Vincent y avait envoyés, de faire des missions, de former les ordinans, de visiter les hôpitaux. Le succès fut partout égal, et cette colonie naissante en produisit d'autres qui donnent en Italie deux provinces considérables aux enfans de Vincent de Paule.

Dieu récompensait, par ses bénédictions de de tout genre, la charité de son serviteur qui croissait chaque jour ; car ce fut en ce même temps que, pour honorer les humiliations de celui qui a pris la forme du dernier des hommes, il commença, le jour de Noël, à faire manger à côté de lui deux pauvres vieillards quelquefois assez dégoûtans. On les servait avant lui et avant toute sa communauté. Vincent les traitait avec beaucoup de respect, il ne leur parlait jamais sans se découvrir. Ses successeurs ont suivi son exemple ; et, de douze pauvres pris dans un voisinage qui n'en manque pas, il y en a tous les jours deux qui, à leur tour, mangent à côté du général, et l'avertissent, par leur présence, qu'il doit être le père des indigens, comme l'a été celui dont il tient la place.

La congrégation perdit, quelques mois après, un puissant protecteur en la personne d'Armand Jean Duplessis, cardinal, duc de Richelieu.

Louis XIII ne survécut pas six mois à son ministre. Il y avait près de quatre ans que ce prince voyait la mort s'avancer vers lui par degrés. Enfin, elle le menaça de plus près au mois d'avril. Une fièvre lente et un dépérissement marqué lui firent sentir que sa dernière heure était prochaine. Après avoir pris toutes les mesures possibles pour écarter les troubles inséparables d'une longue minorité, il ne pensa plus qu'aux affaires de sa conscience.

Comme les courtisans sont alors des ressources faibles et imparfaites, ce religieux prince fit appeler Vincent de Paule à Saint-Germain-en-Laye, où la maladie l'avait attaqué.

Vincent passa, cette première fois, environ huit jours à la cour de ce prince. Il était souvent auprès de sa majesté, qui trouvait en lui des paroles de salut et l'écoutait toujours avec une satisfaction particulière.

Le saint admira, aussi bien que toute la cour, l'esprit de piété et de résignation dont ce grand prince était rempli. Il ne vit plus dans son corps qu'une victime qui allait tomber aux pieds du maître souverain des rois; et ce fut pour la rendre digne d'être acceptée, qu'après un peu de mieux qui ne dura pas, il fit donner à Vincent de nouveaux ordres de se rendre auprès de lui. Le saint ne le perdit presque pas de vue pendant les derniers jours de sa vie. Il l'aidait fréquemment à élever son esprit à Dieu; à former des actes de douleur de ses péchés, de confiance dans les miséricordes du Seigneur, de soumission à sa volonté sainte, et de toutes les vertus dont l'exercice est le plus capable de bien préparer à ce dernier et unique moment d'où dépend l'éternité. Si quelquefois ce prince l'envisageait avec frayeur, il l'envisageait bientôt après avec la fermeté d'un roi très-chrétien; et, lorsque son médecin lui déclara qu'il n'avait plus que très-peu de momens à vivre : « Hé bien, mon Dieu! s'écria-t-il sans ombre d'altération, j'y consens et de bon cœur. » Quelques minutes après il expira entre les bras de notre saint.

Vincent, qui vit la reine incapable de consolation du côté des hommes, s'efforça de lui en procurer du côté de Dieu. Il se rendit le jour même à Paris, afin de faire prier Dieu pour leurs majestés. Outre un service solennel, chaque prêtre de la mission offrit les divins mystères pour l'âme du feu roi. Mais, en priant pour Louis XIII, on n'oublia pas la reine, qui allait entrer dans une régence dont les troubles n'ont point d'exemple dans nos annales.

Comme Vincent de Paule fit, pendant les premières années du règne de Louis XIV, une grande figure, et beaucoup plus grande qu'il n'eût voulu la faire; qu'il eut part aux disgrâces du nouveau ministre; et qu'enfin son histoire se trouve liée aux principaux événemens de ce temps-là, je ne puis me dispenser de donner une idée générale de la conduite que crut devoir garder Anne d'Autriche, lorsqu'elle prit les rênes du gouvernement.

Cette princesse, qui n'avait pas laissé de souffrir sous l'empire du cardinal de Richelieu, était d'abord disposée à écarter tous ceux qu'on pouvait regarder comme les créatures de ce ministre. Mazarin, qui, depuis le siége de Casal, où il avait su arrêter et charmer, pour ainsi dire, deux armées prêtes à donner bataille, avait trouvé le moyen de s'insinuer dans les bonnes grâces de Richelieu, se regardait comme un des premiers qui pussent être sacrifiés. M. de Béringhen et Vincent de Paule arrêtèrent ce coup, chacun à sa manière : Béringhen, en disant à la reine qu'elle ne pouvait se passer de Mazarin qui avait le secret des affaires; et Vincent, par le principe général du pardon de ses ennemis. Le cardinal fut donc conservé dans son poste, et cet homme adroit, souple, spirituel, laborieux, se rendit si nécessaire, qu'il n'eût pas moins d'autorité sous Louis XIV, que M. de Richelieu n'en avait eu sous Louis XIII.

À cette première démarche, la régente en ajouta une autre qui mortifia infiniment notre saint prêtre. Anne d'Autriche, qui avait beaucoup de piété, forma un conseil dans lequel on devait examiner les affaires qui concernaient la religion et les bonnes ou mauvaises qualités de ceux qui pouvaient prétendre aux dignités de l'Eglise. Mazarin, le chancelier Séguier, Charton, grand-pénitencier de Paris, et Vincent de Paule, furent ceux de qui la reine voulut former ce conseil. Notre saint en fut le chef.

Une dignité qui lui procurait les faux hommages d'une multitude de gens affamés des biens du sanctuaire, le pénétra de douleur et de confusion. Il fit toutes les instances qu'il put faire pour en être déchargé ; mais la reine connaissait trop sa capacité et sa vertu pour y consentir. Il se tourna du côté de Dieu, quand il vit qu'il ne pouvait rien obtenir du côté des hommes. La Providence, qui voulait le donner en spectacle au monde et aux anges, ne l'exauça point. Ce fut, en effet, pendant plus de dix ans consécutifs, durant lesquels il fut chargé de ce glorieux emploi, que sa vertu parut dans tout son jour. Son humilité triompha des frivoles applaudissemens du siècle : son égalité et sa patience ne s'altérèrent point au milieu des coups que l'envie, la malignité, l'injustice, s'efforcèrent de lui porter. Sa fermeté à soutenir les intérêts de Dieu et de son Eglise fut supérieure à tous les assauts du respect humain. Ce fut sur ce grand théâtre que brillèrent d'un nouvel éclat son inviolable fidélité au service du roi, son profond respect pour les évêques, son amour pour tous les ordres de l'Eglise sa tendre charité pour toutes les communautés religieuses ou séculières. Sa congrégation fut la seule qu'il oublia, quoiqu'il fût à la source d'où coulaient les faveurs ; que la reine eût pour lui une parfaite considération ; que le cardinal Mazarin l'eût aimé dès le temps de Richelieu ; et qu'enfin il eût pu demander bien des grâces qui ne tirent pas à conséquence : il ne pensa pas même à ouvrir la bouche, et il ne l'ouvrit effectivement jamais ni pour lui ni pour les siens.

Dès le principe, il sentit que, déterminé,

comme il l'était, à ne donner son suffrage qu'au vrai mérite, il allait se faire une foule de puissans ennemis. Mais il aurait compté pour rien toutes ses disgrâces, s'il avait pu écarter du sanctuaire ceux qui n'y étaient appelés que par la brigue, la cupidité et l'ambition. Le mal, et cette pensée le pénétrait de douleur, c'est qu'il ne pouvait raisonnablement l'espérer. Mazarin fut bientôt en état de voler de ses propres ailes, et, avant la fin de l'année 1643, fut nommé premier ministre. Ce cardinal paraissait avoir des maximes diamétralement opposées à celles de Vincent de Paule. Il regardait comme amis de Dieu ceux qui étaient les siens. Vincent jugeait de l'arbre par les fruits. Quoiqu'il ne doutât point qu'un homme de qualité ne pût, lorsqu'il a de la vertu, être plus utile à l'Église qu'un autre, il était bien éloigné de croire qu'on eût tout ce qu'il faut pour gouverner le troupeau de Jésus-Christ, quand on est fils ou parent d'un homme qui prend des villes et gagne des batailles.

Ce fut avec ce germe d'opposition que ces deux hommes entrèrent dans le conseil ecclésiastique. Vincent s'y rendit dans le même équipage avec lequel il allait instruire les pauvres gens de la campagne. Il ne blessait point la bienséance, mais il blessait encore moins la simplicité. Les distinctions lui faisaient plus de peine qu'elles ne font de plaisir aux martyrs de l'ambition. Le prince de Condé ayant voulu, dans ses commencemens de faveur, le faire asseoir auprès de lui : « Votre altesse, lui dit-il, me fait trop d'honneur de me souffrir en sa présence; ignore-t-elle que je suis le fils d'un pauvre vilageois?—Les mœurs et la bonne vie, répliqua ce sage prince, sont la vraie noblesse de l'homme. » Il ajouta que ce n'était pas d'aujourd'hui qu'on connaissait son mérite. Cependant, pour en mieux juger, il fit tomber la conversation sur quelques points de controverse et de matières canoniques. Vincent de Paule en discourut avec tant de netteté et de précision, que le prince lui fit une espèce de réprimande sur la manière trop ravalée dont il parlait de lui-même, et, étant passé dans l'appartement de la reine, il la félicita du choix qu'elle avait fait d'un homme si capable de seconder ses bonnes intentions.

Dès les premiers conseils où le saint homme assista, il présenta un plan de réforme. Si ce plan eût été suivi, il y a bien de l'apparence que tous les ordres de l'Eglise gallicane auraient peu à peu repris leur ancienne splendeur. Au moins est-il sûr, comme le dit l'illustre M. de Fénélon, dans sa lettre à Clément XI, qu'on n'eût pas vu dans l'épiscopat quelques sujets qui n'y ont pas beaucoup édifié. Mais il était difficile que les choses fussent long-temps sur un si bon pied. La reine, qui se défiait trop de ses forces, crut bientôt que Mazarin lui était nécessaire, et le cardinal pénétra aisément les dispositions de la princesse. Ainsi le conseil de conscience ne subsista dans toute son intégrité que pendant le temps dont ce ministre eut besoin pour affermir son autorité naissante; et, afin de ne pas trouver dans Vincent de Paule un censeur qui désapprouvait son choix, il tâcha de se rendre maître des principales nominations.

L'attention qu'eut le saint prêtre à repousser du sanctuaire ceux qui n'étaient pas dignes d'y être admis le mit en butte à la calomnie la plus noire. On tâcha de le perdre dans l'esprit de la reine, du ministre, et de tout ce qu'il y avait de gens de bien dans le royaume. Un de ces hommes qui sont capables de tout osa répandre dans Paris, et même chez une personne de la première distinction, que, depuis peu, il avait procuré un bénéfice à un ambitieux, moyennant une bibliothèque et une somme d'argent. Cette nouvelle se disait d'abord à l'oreille, et avec toutes les précautions qui accompagnent l'imposture; peu à peu elle devint assez publique.

Un des amis de Vincent l'en avertit. Quelque accoutumé que fût le saint prêtre à souffrir, une si atroce imputation l'émut un peu, et, dans un premier mouvement, il commença une lettre pour se justifier. Mais à peine avait-il écrit deux lignes, qu'il se reprocha sa sensibilité, et qu'animé de l'esprit de saint François de Sales, qui s'était vu publiquement déshonoré d'une manière bien plus infamante, il se dit à lui-même : « Malheureux ! à quoi penses-tu ? Quoi ! tu te veux justifier, et tu viens d'apprendre qu'un chrétien, faussement accusé à Tunis a passé trois jours dans les tourmens et est enfin mort, sans prononcer une parole de plainte !... et toi, tu te veux excuser ! Non, il n'en sera pas ainsi. » A ces mots, il quitta la plume, et laissa au public la liberté de penser de lui tout ce qu'il jugerait à propos. Dieu se chargea lui-même de son apologie. Ceux qui avaient été tentés de soupçonner sa vertu quittèrent bientôt leurs préjugés injustes, et la prompte mort de celui qui l'avait si indignement outragé fut regardée par bien des gens comme un coup de cette main vigilante qui, pour décréditer la calomnie, foudroie le calomniateur.

Au fond, l'injustice était d'autant plus criante, que le désintéressement du saint prêtre était généralement connu. Sans rappeler ces aumônes immenses, qui si souvent épuisèrent sa maison principale, il fit comprendre, dans le temps même dont nous parlons, que, bien loin d'abuser du crédit qu'il avait à la cour, pour se procurer des biens qui ne lui appartenaient pas, il n'eût pas même voulu rentrer à ce prix dans la possession de ceux qui étaient à lui.

Un des principaux magistrats du royaume, homme puissant et accrédité, se donnait beaucoup de mouvemens pour procurer une abbaye à son fils, qui ne la méritait pas. Dans la juste crainte qu'il eût d'être traversé par Vincent de Paule, il s'efforça de le gagner ; et, pour en venir à bout, il lui fit dire par un de ses prêtres que, pourvu qu'il ne lui fût pas contraire, il avait des moyens sûrs de faire rentrer la maison de Saint-Lazare en possession de beaucoup de droits et de biens qui en avaient été aliénés. La réponse du saint fut courte ; il n'en fit pas d'autre que celle-ci : « Pour tous les biens de la terre, je ne ferai jamais rien contre Dieu, ni contre ma conscience. La compagnie ne périra point par la pauvreté : je crains plutôt que, si la pauvreté lui manque, elle vienne à périr. »

Malgré les contradictions que le saint homme eût à essuyer, il ne laissa pas de rendre de grands services à tous les ordres de l'Eglise. Les évêques qu'il honora toujours, jusqu'à se jeter à leurs pieds quand il paraissait devant eux, trouvèrent en lui un respectueux et zélé protecteur. Il ne se lassait point de les recommander à la reine, au cardinal ministre, et à ceux des magistrats qui avaient le plus d'autorité. Ce fut lui qui, dans plusieurs entretiens avec M. le président Molé, s'efforça d'empêcher que les appels comme d'abus ne produisissent, par l'intrigue des mauvais prêtres, un effet tout contraire à celui pour lequel on les a établis. Ce fut lui qui osa représenter à de vertueux évêques que la douceur, la patience, l'humiliation même, devaient être leurs premières armes, et qu'il ne fallait en venir à l'excommunication, qu'après les avoir épuisées. Ce fut lui qui, afin qu'il n'y eût dans l'épiscopat personne qui s'y fût ingéré de lui-même, remettait dans l'ordre d'une sainte et parfaite indifférence, tantôt un aumônier du roi, qui se lassait d'être oublié, tantôt un religieux qui, séduit par une apparence de bien, croyait qu'un évêché *in partibus* le mettrait en état de continuer les services qu'il rendait au public par ses bénédictions. Enfin ce fut lui qui, tenant un conseil secret avec la reine, quand elle eut reconnu que son ministre n'était pas scrupuleux, donna tant de bons évêques à l'Eglise, que le célèbre Fléchier ne doutait point que le clergé de France ne lui dût sa splendeur et sa gloire.

Il ne rendit pas moins de services aux communautés religieuses. De toutes celles qui sont en France, il n'y en a pas une qui ne lui doive beaucoup, soit pour le corps en général, soit pour quelques-uns des membres en particulier.

Ce que fit Vincent pour mettre le bon ordre chez les religieux, il le fit avec encore plus d'empressement pour rétablir ou conserver une exacte discipline dans les monastères de filles, qui ont plus besoin d'être soutenues contre leur propre fragilité. Il s'efforça toujours de leur procurer des abbesses et des supérieurs qui ne dussent leur vocation ni à la chair, ni aux sang, mais uniquement à la volonté de Dieu.

Quand les abbayes avaient droit d'élection, il s'opposait avec vigueur aux intrigues de certaines religieuses, qui, ne pouvant espérer de monter par cette voie à la première place, y voulaient arriver par le crédit de leurs parens et par l'autorité du roi. Il en usait de même à l'égard de celles qui, élues pour trois ans selon l'usage de leurs communautés, sollicitaient des brevets de confirmation, persuadé que les filles qui, naturellement sont moins fermes dans le bien, peuvent plus aisément s'oublier dans les grandes charges, quand elles s'y voient placées pour toujours. Toutes les fois qu'il vaqua des abbayes à la nomination du roi, il fut inflexible, pour n'y mettre que des dames d'une capacité connue et d'une régularité constante et éprouvée. Il écarta du gouvernement d'un monastère une nièce dont la tante avait fait de cette retraite une maison de plaisance pour sa famille, à qui elle fournissait un ample superflu aux dépens du nécessaire de ses religieuses. Il est vrai qu'à cette occasion il essuya un déluge de paroles insultantes et des menaces qui l'étaient encore davantage : mais, au lieu de se plaindre à la reine, qui l'eût vengé avec éclat, il combla de politesse celui qui l'avait si mal traité, et redoubla pour lui ses prières.

Une de ses principales attentions fut de bannir des monastères des filles le trouble et la division, incendies funestes qui, comme le dit un apôtre, naissent souvent d'une légère étincelle.

Comme il n'est pas possible d'écrire en détail tous les services que Vincent de Paule rendit à l'Eglise et à l'Etat pendant la régence d'Anne d'Autriche, on se contentera de dire en général qu'il entreprit tous les genres de bien qu'un zèle actif et vigilant peut entreprendre. Ce fut lui qui, pour exterminer le blasphème et abolir la damnable pratique des duels, fit publier ces beaux édits par lesquels Louis XIV commença son règne. Ce fut lui qui fit supprimer les scènes indécentes qui rendaient les spectacles doublement dangereux. Ce fut lui qui, ayant su que les prisonniers d'Etat renfermés à la Bastille n'avaient personne qui leur apprît à sanctifier leurs peines, fit agréer à la reine qu'un vertueux ecclésiastique de sa conférence leur fît de pieuses exhortations, et qu'en les disposant à se reconcilier avec Dieu, il les disposât à rentrer dans les bonnes grâces du roi.

Ce qu'il y eut de plus beau dans le ministère de saint Vincent, c'est qu'il l'exerça toujours avec une noblesse, un désintéressement, une sagesse, dont il est difficile de rencontrer des exemples. Ses maisons étaient presque toutes assez pauvres, et la plupart extrêmement grevées par la loi qu'elle se sont faite de travailler gratuitement à leurs principales fonctions. Comme on l'avait chargé de la distribution d'un grand nombre de bénéfices, il eût aisément trouvé les moyens d'en faire réunir quelques-uns à sa congrégation : il n'y pensa jamais. On s'est plus d'une fois efforcé de corrompre sa vertu par l'amorce de l'or à qui tout obéit. Sans répéter l'histoire de ce magistrat qui voulut en quelque sorte acheter son silence, un de ses plus intimes amis lui offrit cent mille francs pour faire passer au conseil du roi des propositions qui n'avaient rien d'onéreux pour les peuples. Mais, outre que le saint prêtre n'eût pas cru pouvoir vendre le crédit qu'il avait à la cour, il fit remarquer à son ami que le système qu'on le priait d'appuyer de son suffrage pouvait blesser les intérêts du clergé; ainsi, levant les yeux au ciel, il ne fit d'autre réponse que celle-ci : « Dieu m'en préserve; j'aimerais mieux mourir, que de dire une seule parole sur ce sujet. Loin de profiter en sa faveur du crédit que son emploi lui donnait à la cour et dans tout le royaume, il sut faire tomber adroitement sur d'autres les grâces que la reine lui destinait. Elle avait pour lui un respect si marqué, que de l'aveu de tous les courtisans il n'y avait rien qu'il ne pût attendre de la bonne volonté de cette princesse. On dit même, et le bruit en courut, qu'elle voulait demander pour lui les honneurs de la pourpre romaine. Mais la manière dont il reçut ceux de ses amis qui se pressèrent de l'en féliciter, dispensa les autres du compliment qu'ils voulaient lui faire. Un homme si parfaitement mort à lui-même était encore plus mort à toutes les grandeurs de la terre. Vivre et n'être pas humilié, c'était pour lui un martyre.

A un parfait désintéressement le saint joignit une prudence et une sagesse consommée. Ennemi né de la précipitation, qui engage aux plus fausses démarches, il ne décidait rien qu'après y avoir mûrement réfléchi. Il pesait attentivement les raisons opposées. Il examinait les circonstances, il prévoyait les suites. Mais, quand une fois il avait pris son parti, il était aussi prompt dans l'exécution de ses plans, qu'il avait été circonspect dans l'examen; et alors, soit que la réussite fût heureuse ou non, il demeurait en paix, bien sûr, avec un ancien père, que la sagesse ne doit pas juger des choses par le succès, et que Dieu inspire quelquefois des desseins dont il veut qu'on lui fasse un sacrifice.

Pour ce qui est du secret, dont le défaut fait tous les jours échouer les meilleurs projets, Vincent était invulnérable de ce côté-là. Quand il revenait de la cour, il était si religieux à garder le silence sur les affaires d'état qu'on eût cru qu'il sortait de la cellule d'un chartreux. Mais ce n'était pas la nature des grandes affaires qui se traitent dans le cabinet des rois, c'était sa propre vertu qui le rendait circonspect. Un homme qui depuis long-temps gardait une inviolable fidélité à ce grand nombre de personnes qui, de toutes parts, venaient s'ouvrir à lui, était bien éloigné de révéler ces mystères, qui, selon l'avis du Saint-Esprit, doivent être cachés au fond du cœur, pour n'en sortir jamais.

Du reste, et on ne peut trop le répéter, toutes ces grandes qualités du saint prêtre naissaient d'un seul principe, je veux dire, de son attachement aux règles de l'évangile. C'était d'une source si pure qu'il tirait toutes ses lumières; et malgré les préjugés de la politique humaine, il faut avouer que c'est la seule où l'on apprenne efficacement à réunir ce que l'on vit alors dans notre saint: un accès favorable auprès du souverain, et un parfait dégagement, de tous les intérêts du siècle; une grande activité dans les affaires extérieures, et une union très-intime avec Dieu; des occasions aussi aisées que fréquentes de se faire des amis aux dépens des bonnes règles, et une droiture de cœur que rien ne pût altérer; un commerce continuel avec toutes sortes de personnes bien ou mal intentionnées, et une égalité d'esprit toujours constante, toujours uniforme; enfin, une intelligence capable de répondre à tous les désirs de son prince, et un cœur aussi pénétré de son néant qu'il était plein de piété et d'amour pour Dieu.

Ce fut pour étendre de plus en plus ce divin amour, qu'il envoya, cette même année 1643, ses prêtres en différentes villes du royaume.

Vincent voyait avec satisfaction ses prêtres à portée de servir utilement à l'Eglise dans un bon nombre de diocèses, il en eut beaucoup plus encore de voir qu'ils se multipliaient sans rien perdre de leur premier esprit. « Jamais, disait-il alors dans une de ses lettres, l'on n'a vu plus de régularité, plus d'union et de cordialité que l'on en voit à présent. Mais, ajoutait-il, un grand calme annonce toujours quelque tempête. »

Son pronostic se trouva juste, et la congrégation se vit sur le point de faire, par la mort de ce saint instituteur, la plus grande perte qui lui pût arriver. Les occupations domestiques et étrangères, la peine infinie qu'il avait d'être placé dans le conseil; les embarras continuels que lui donna cet emploi, qui fut toujours son martyre; le défaut de repos pour un homme avancé en âge, et qui, se levant exactement à quatre heures du matin, n'était quelquefois pas couché à minuit, tant de fatigues épuisèrent enfin la nature. Sa maladie fit craindre pour lui dès les premiers momens. Le saint prêtre, pour se disposer à la mort, qu'il regardait comme prochaine, communiait tous les jours. L'amour de Dieu occupait tout son cœur; et, dans un délire qui lui dura quelque temps, on ne remarqua en lui, comme autrefois en saint François Xavier, que mouvemens pleins d'ardeur, que tendres soupirs vers le ciel, que désirs enflammés de voir bientôt la dissolution de cette maison de boue, qui empêche l'âme de se réunir à son adorable principe.

Le bruit de son mal s'étant répandu, les gens de bien en furent alarmés; mais personne n'y prit plus de part qu'un jeune prêtre, qui alors était lui-même malade. Dès qu'il eût appris que ce respectable supérieur était en danger de mort, il pria Dieu d'accepter sa vie en échange de celle d'un homme qui était plus nécessaire que jamais à l'Église, à l'État et à sa congrégation. Vincent commença dès lors à se mieux porter, et ce prêtre à baisser si visiblement qu'il mourut peu de temps après.

Dès que le saint prêtre fut un peu rétabli, il recommença ses exercices et ses travaux avec autant de ferveur et d'assiduité, que s'ils ne l'avaient pas conduit aux portes de la mort. Il donna cette même année tous les secours possibles à un grand nombre de ministres sacrés que la persécution de l'impitoyable Cromwel avait obligés de quitter leur patrie. Il fit instruire et loger, avec peu de dépense, une foule de prêtres qui, s'avilissant eux-mêmes par l'indécente manière dont ils demandaient l'aumône ou des messes, avilissaient par une suite nécessaire le sacerdoce du Fils de Dieu.

Ce fut dans ce même temps qu'ayant appris qu'un de ses bienfaiteurs était déchu de sa fortune, il voulut lui rendre la somme qu'il en avait reçue, comme il avait déjà fait à l'égard du curé de Vernon. Ce fut encore dans le même temps que plusieurs dames de qualité lui ayant offert 600,000 livres pour bâtir une église, il refusa constamment cette aumône, et pria qu'on la distribuât aux pauvres, qui commençaient à souffrir. Enfin ce fut en ce temps que, malgré la dépense énorme qu'il aurait fallu faire, il fut sur le point d'envoyer quelques-uns de ses prêtres en Perse, et cela, comme il l'a souvent répété, dans la vue de dédommager l'Église des pertes qu'elle avait faites depuis deux siècles, et de celles que l'irréligion qui croissait de jour en jour lui faisait regarder comme inévitables.

Mais bientôt il entreprit dans l'Irlande ce qu'il ne put faire en Orient. Innocent X lui ayant fait savoir que les catholiques de ce royaume, presque dénués de pasteurs, vivaient dans une profonde et dangereuse ignorance des vérités de la foi, Vincent choisit dans sa congrégation huit ouvriers capables de tout oser pour la sanctification de leurs frères. Cinq de ces vertueux prêtres élevés dans les îles de la Grande-Bretagne, en connaissaient parfaitement les mœurs et le langage : les autres, avec un peu de travail, pouvaient se mettre en état d'être entendus du peuple. Tous, avant leur départ, se jetèrent aux pieds du saint et lui demandèrent sa bénédiction. Vincent pria le Dieu des miséricordes de vouloir bien les bénir lui-même. « Soyez unis, leur dit-il, et le Seigneur vous bénira ; mais soyez unis par la charité de Jésus-Christ. Toute union qui n'est pas cimentée par le sang de ce divin Sauveur ne peut subsister... Dieu vous appelle pour travailler en sa vigne, allez-y comme n'ayant en lui qu'un même cœur et une même intention, et par ce moyen vous en rapporterez du fruit. »

Il leur marqua ensuite la manière dont ils devaient se comporter pendant le voyage et lorsqu'ils seraient arrivés sur les lieux. Il le fit avec tant de sagesse, qu'à leur retour ils avouèrent que les salutaires avis de ce judicieux supérieur avaient été pour eux une source de bénédictions. La France qu'ils allaient quitter cueillit les prémices de leur zèle. Pendant le séjour qu'ils furent obligés de faire à Nantes, ils instruisirent les pauvres, ils servirent et consolèrent les malades dans les hôpitaux. Ils apprirent dans les conférences spirituelles, qu'ils firent aux dames de la charité des paroisses, la manière de visiter et d'assister les infirmes dans l'esprit de compassion et de tendresse dont l'Homme-Dieu nous a laissé l'exemple.

A Saint-Nazaire, en attendant le jour du départ, ils firent une espèce de mission à tous ceux des passagers qui voulurent en profiter. Un gentilhomme anglican qui eut la curiosité de les entendre ne put tenir contre l'Esprit-Saint qui parlait par leur bouche. Ses yeux s'ouvrirent : il rentra dans cette même Église dont ses pères se sont si malheureusement séparés. Il parut bien que Dieu avait sur lui des desseins de salut. Trois jours après, je ne sais par quel accident, il fut blessé à mort. Ce fut alors qu'il sentit tout le prix de la grâce que Dieu venait de lui faire. Sa bouche n'avait point assez d'expressions pour marquer sa reconnaissance. Il fit verser des larmes à tous ceux qui furent témoins de celles qu'il répandit pour pleurer ses anciens égaremens.

Nos missionnaires partirent enfin; et, avant d'arriver à Limmerick, ils essuyèrent par mer et par terre des tempêtes et des assauts si violens, qu'ils furent plusieurs fois arrachés, comme par miracle, aux portes de la mort.

Pendant qu'ils étaient si utilement occupés en Irlande, il se présenta au saint prêtre une occasion de s'associer en France à une partie de leurs travaux. Anne d'Autriche ayant conduit le roi en Picardie pour ranimer ses troupes, que différens échecs avaient intimidées, Vincent de Paule profita de l'absence de leurs majestés pour reprendre à la campagne ses fonctions apostoliques. Il fit la mission à Moüi, dans le diocèse de Beauvais, et, à la prière de Madame la princesse de Conti, il y établit la confrérie de la charité. Quelque goût qu'il eût pour ce genre de travail, il ne put le continuer long-temps. Tant de gens avaient besoin de lui à Paris, qu'on s'y apercevait bientôt de son absence.

Ce fut vers la fin de l'année 1647 que ses prêtres eurent une maison à Gênes. Ils la dûrent à la piété de trois nobles génois qui concoururent à cette bonne œuvre avec le cardinal Durazzo, leur archevêque, mais ils la dûrent encore plus à leur travail et à leur zèle infatigable. Le prélat, qui ne voyait qu'avec une profonde douleur le pitoyable état de son diocèse, les exerçait depuis deux ans par une suite si continuelle de retraites et de missions fatigantes, que Vincent, tout ennemi qu'il était du repos, en fut souvent alarmé. Les prières qu'il fit pour eux, et les grands exemples du cardinal, les soutinrent.

La même année, il finit une affaire qui l'occupait depuis long-temps, et dont l'heureuse issue lui mérita les bénédictions de la capitale et de toutes les provinces du royaume. Pour en donner une juste idée, il faut reprendre les choses dès leur source.

La ville de Paris, dont l'immense étendue renferme près d'un million d'habitans, réunit dans son sein toutes les extrémités. L'opulence y marche à côté de la misère; la vertu s'y trouve avec le crime; les joies du théâtre avec les larmes de la pénitence; la pureté la plus austère avec le libertinage le plus effréné. De ce libertinage, et quelquefois de la pauvreté seule, naissent chaque année une multitude d'enfans qui, du temps de notre saint, perdaient la vie avant de l'avoir connue, ou ne la connaissaient que pour en éprouver toutes les rigueurs. Leurs mères les sacrifiaient assez souvent le jour même qu'elles les avaient mis au monde. On les exposait à la porte des églises ou dans les places publiques. Il est vrai que les commissaires du Châtelet les enlevaient par ordre de la police; mais ce premier service était presque le seul qu'on rendît à ces enfans.

On les portait chez une veuve de la rue Saint-Landri, qui, avec deux servantes, se chargeait du soin de les élever. Mais, comme ils étaient en grand nombre, et que les charités étaient médiocres, cette femme, faute de nourriture et de moyens, les laissait mourir de langueur. Souvent même les servantes, afin de se délivrer de l'importunité de leurs cris, les endormaient par un breuvage qui abrégeait leurs jours. Ceux qui échappaient à ce danger étaient donnés à qui les voulait prendre, ou vendus à si bas prix, que vingt sous ont quelquefois suffi pour en avoir. Du reste, ce n'était pas la compassion qui portait à en faire l'achat. Les uns leur faisaient téter à dessein des femmes gâtées dont le lait corrompu insinuait dans leurs veines la contagion et la mort; d'autres les substituaient aux vrais enfans de famille qu'ils avaient laissé périr. On a même su que plusieurs enfans avaient été inhumainement égorgés pour servir à des opérations magiques, ou à ces bains sanglans que la fureur de prolonger sa vie a quelquefois inventés. Ce qui était plus déplorable, c'est que ceux qui n'avaient pas reçu le baptême mouraient sans le recevoir, la veuve de Saint-Landri ayant avoué qu'elle n'en n'avait jamais ni baptisé ni fait baptiser aucun.

Un état si déplorable toucha sensiblement le

cœur de notre saint prêtre. La difficulté était d'y apporter du remède. Vincent fut assez charitable pour le tenter, assez heureux pour en venir à bout; il pria d'abord quelques dames de son assemblée de se transporter sur le lieu, et de voir si l'on ne pourrait point arrêter ou du moins diminuer un aussi grand mal. Ces dames furent effrayées du spectacle qu'offrit à leurs yeux cette multitude d'enfans presque abandonnés. Elles ne pouvaient se charger de tous, elles voulurent au moins se charger de quelques-uns pour leur sauver la vie. Afin d'honorer la Providence, dont on ignorait les desseins, elles en tirèrent douze au sort. On loua, en 1638, une maison à la porte Saint-Victor pour les loger, et madame Le Gras, qui entrait dans toutes les bonnes œuvres de son directeur, en prit soin avec les filles de la charité.

Aux premiers ces vertueuses dames en joignirent de temps en temps quelques autres, selon leur dévotion et leurs moyens. La différence qui se trouvait bientôt entre ces derniers et ceux qui restaient à Saint-Landri, attendrissait en faveur de ceux qu'on était obligé d'y laisser. Mais il n'était pas possible de les adopter tous, et la plus vive charité veut que l'on consulte ses forces. Cependant on conjurait Dieu d'ouvrir le trésor de sa miséricorde et d'aplanir les voies d'une entreprise qui paraissait encore plus nécessaire qu'elle ne paraissait difficile.

Enfin, après bien des prières et des conférences, on tint, au commencement de l'année 1640, une assemblée générale. Le saint y proposa d'une manière si pathétique les besoins de ces pauvres enfans, et la gloire qui reviendrait à Dieu de l'éducation chrétienne qu'on pourrait leur donner, que toutes les dames qui étaient présentes résolurent de s'en charger. Mais le serviteur de Dieu, qui prévit que le supplément à 12 ou 1400 livres, qui faisait alors tout le fonds sur lequel on pouvait compter, monterait à des sommes immenses, voulut qu'on n'entreprît rien que par manière d'essai. Par-là il prévenait le murmure des familles, et il ôtait à ces vertueuses femmes toute occasion de se repentir d'avoir trop aisément suivi un premier mouvement de ferveur.

Pour leur épargner une partie de la dépense, outre l'argent qu'il fournissait lui-même selon sa coutume, il mit sous les yeux d'Anne d'Autriche la triste et fidèle peinture de ces enfans, et, par le moyen de cette auguste princesse, qui regardait comme perdus les jours où elle n'avait pu faire du bien, il leur obtint du roi 12,000 livres de rente sur les cinq grosses fermes. Avec ce secours, l'établissement se soutint pendant quelques années. Mais les besoins survenus en Lorraine, la crainte d'une révolution dans l'Etat, que le murmure et les factions commençait à faire entrevoir; le nombre de ces enfans qui croissait tous les jours, et dont l'entretien allait au-delà de 40,000 livres, toutes ces considérations, qui n'étaient que trop justes, amortirent enfin le courage des dames de la charité. Elles dirent, comme de concert, qu'une si excessive dépense passait leurs forces, et qu'elles ne pouvaient plus la soutenir.

Ce fut pour prendre un dernier parti sur cette grande affaire que Vincent indiqua, en 1648, une assemblée générale. Le saint y mit en délibération si l'on continuerait la bonne œuvre qu'on avait commencée. Il proposa les raisons du pour et du contre. D'un côté, il représenta que la compagnie n'avait contracté aucun engagement, et qu'il lui était libre de statuer ce qu'elle jugerait plus convenable. De l'autre, il fit voir que, par ses charitables soins, elle avait jusqu'alors conservé la vie à un très-grand nombre d'enfans qui, sans ce secours, l'auraient perdue pour le présent et peut-être pour l'éternité; que ces innocens, apprenant à parler, avaient appris à connaître et à servir Dieu; que quelques-uns d'entre eux commençaient à travailler et à se mettre en état de n'être plus à charge à personne, et que de si heureux commencemens présageaient des suites encore plus heureuses.

Ce fut alors que le saint homme, qui n'était plus maître ni de ses soupirs, ni presque de ses expressions, prenant un ton plus tendre et plus animé, conclut en ces termes : « Or sus, Mesdames, la compassion et la charité vous ont fait adopter ces petites créatures pour vos enfans; vous avez été leurs mères, selon la grâce, depuis que leurs mères, selon la nature, les ont abandonnés : voyez maintenant si vous voulez les abandonner aussi. Cessez d'être leurs mères pour devenir leurs juges, leur vie et leur mort sont entre vos mains : je m'en vais prendre les voix, il est temps de prononcer leur arrêt, et de savoir si vous ne voulez plus avoir de miséricorde pour eux. Ils vivront, si vous continuez d'en prendre un charitable soin; au contraire, ils périront infailliblement, si vous les abandonnez : l'expérience ne vous permet pas d'en douter. »

A ces paroles l'assemblée ne répondit que par ses larmes. L'onction de l'Esprit-Saint s'était insinuée dans tous les cœurs. Il fut arrêté aussitôt que, quoi qu'il en pût coûter, il fallait continuer cette bonne œuvre.

Ce fut en conséquence d'une résolution si digne de la charité de celles qui la formaient, qu'on demanda au roi le château de Bicêtre, rétabli sous Louis XIII, pour servir d'hôpital aux soldats invalides. On y transporta ceux de ces enfans qui n'avaient plus besoin de nourrices. Mais comme on y reconnut que l'air y était trop vif pour eux, on leur acheta deux maisons à Paris, l'une dans le faubourg Saint-Antoine, où la reine mère posa la première pierre de leur église, l'autre à côté de la cathédrale.

Il faut espérer que le temps, qui efface peu à peu le souvenir des bienfaits ordinaires, n'altérera jamais dans les enfans trouvés la mémoire du signalé service que saint Vincent leur a rendu; que leurs langues bégayantes ne se dénoueront que pour chanter son nom et sa gloire; que, sensibles à l'éducation chrétienne que leur donnent ses filles en Jésus-Christ, il s'écrieront d'âge en âge, avec un prophète : « Ceux qui nous ont donné la vie nous ont abandonné; nous allions subir le sort rigoureux qu'une infinité d'autres avait subi avant nous; mais le Dieu des enfans, par l'entremise d'un serviteur tendre et charitable, nous a mis sous sa protection, et sa main libérale nous a beaucoup plus donné que nous n'avions perdu. » *Pater meus et mater mea dereliquerunt me: Dominus autem assumpsit me.* PSALM. 26. V. 10.

Il était temps que les arrangemens relatifs au traitement des enfans trouvés finissent, le moindre délai les eût entièrement ruinés. La capitale et presque toutes les provinces du royaume se virent bientôt dans un état où les meilleurs maisons avaient tout à craindre pour elles-mêmes. La famine, la peste, la guerre civile, fléau plus redoutable que les deux autres, firent les plus affreux ravages. Le cardinal Mazarin, qui se voyait avec complaisance maître des grâces et de l'autorité souveraine, dut faire et fit en effet bien des jaloux; et, comme de la jalousie à la haine la plus vive il n'y a qu'un pas et quelquefois moins, il eut bientôt sur les bras autant d'ennemis qu'il avait de rivaux. L'aversion des grands passa au peuple. Tout prit part à ce fameux démêlé. On donna le nom de frondeurs à ceux qui étaient opposés au ministre; ceux qui étaient ou neutres, ou dans les intérêts de la cour, furent traités de mazarins; et quelquefois de royalistes.

Les barricades de Paris, la délivrance forcée de ceux qui avaient été arrêtés par ordre de la cour, les factions qui se multipliaient journellement, portèrent la reine à prendre un parti contraire à sa douceur naturelle. Elle résolut d'affamer la capitale, qui depuis un certain temps paraissait ne pas assez respecter son autorité. Dans cette vue, elle en sortit le jour des rois à trois heures du matin, avec le roi son fils, et la plus grande partie de la cour, qui la suivit à Saint-Germain-en-Laye. Vincent fit, pendant ce temps de trouble, tout ce que pouvait faire un bon citoyen, et il souffrit tout ce que pouvait endurer un sujet fidèle. Comme il jugea que les pauvres allaient être réduits aux plus fâcheuses extrémités, il tâcha de leur ménager une ressource dans les provisions qui étaient destinées à la subsistance de la maison de Saint-Lazare et de celle de Saint-Charles, où l'on élevait une précieuse jeunesse, selon la méthode du saint concile de Trente. La violence et l'injustice ruinèrent une partie de ces bons desseins; mais comme ils eurent tout leur mérite devant Dieu, ils doivent avoir tout leur prix devant les hommes.

Il forma ensuite un projet qu'on peut regarder comme un des plus beaux monumens de son courage, de son désintéressement et de la disposition où il était de tout sacrifier plutôt que de résister aux mouvemens de sa conscience. Anne d'Autriche l'honorait d'une bienveillance particulière; et il est certain que, sous sa régence, il eut toujours beaucoup plus de crédit qu'il n'en voulait avoir. D'ailleurs, il avait pour la personne et les éminentes vertus de cette auguste princesse, tout le respect qu'un sujet peut avoir, et il eût mille fois donné sa vie pour elle et pour les intérêts du roi. Cependant, comme la conduite qu'elle tenait à l'égard de son peuple lui paraissait trop rigoureuse, et qu'il était effrayé des horreurs de toute espèce que la guerre civile traîne toujours après elle, il crut devoir s'en expliquer avec la régente, et lui dire de vive voix ce qu'il en pensait. Il sentit bien que, dans l'agitation où étaient les esprits, la liberté qu'il allait prendre devait naturellement être suivie de l'exil ou de quelque autre disgrâce; mais il ne craignait ni disgrâce, ni exil, quand il s'agissait d'empêcher que Dieu ne fût outragé et le peuple réduit à la dernière misère.

Il sortit de Paris avant le jour, et prit la route de Saint-Germain. En sage politique, il ne s'ouvrit à personne sur le dessein qu'il avait conçu.

Comme Paris était sous les armes, et qu'il y avait des gardes avancées dans tous les faubourgs, il fut obligé de faire un assez long circuit. Il ne faisait pas encore bien clair lorsqu'il entra dans Clichy, et cette obscurité pensa lui être funeste. Les habitans, qui avaient été pillés la veille par une troupe de cavaliers, avaient pris les armes pour les repousser en cas d'une seconde insulte. Au bruit de deux personnes qui marchaient à cheval, ils crièrent alerte, et s'avancèrent les uns la pique à la main, les autres le fusil bandé et prêts à faire feu. Le compagnon du saint, qui n'était pas bien aguerri, *trémoussa* de peur, ce fut son terme; « mais, ajouta-t-il, je pensai au même moment que Dieu ne permettrait pas que des paysans maltraitassent un homme qui avait consacré à leur service sa vie, sa congrégation et ses biens. » En effet, un d'eux l'ayant reconnu et fait connaître aux autres, le nom de leur ancien pasteur réveilla les sentimens de vénération qu'ils avaient eus autrefois pour lui. Ils lui enseignèrent la route qu'il devait tenir, et celles qu'il devait éviter pour ne pas tomber entre les mains du soldat ennemi qui battait la campagne.

A Neuilly, il courut un nouveau danger : les eaux étaient débordées et couvraient une partie du pont. On lui conseilla de ne pas risquer le trajet. Son courage le soutint, et Dieu le protégea. Pour l'en remercier au moment même par une action de charité, il envoya son cheval à un pauvre homme qui était à l'autre bout du pont, et qui, sans cela, n'aurait pu continuer son voyage. Il arriva enfin à Saint-Germain, et, dans une longue conférence qu'il eut avec la reine, il lui dit tout ce qu'il put trouver de plus fort pour la détourner du siége de Paris. Il lui représenta qu'il n'était pas juste de faire mourir de faim un million d'innocens, pour punir vingt ou trente coupables. Enfin, il osa même avancer que, puisque la présence du cardinal paraissait être la source de toutes les brouilleries, il croyait qu'on devait le sacrifier pour un temps.

Quoiqu'il ne s'éloignât point du respect dû

à la plus vertueuse princesse du monde, cette fois il lui parla avec tant de force, qu'un moment après il en fut surpris et même affligé. Dès lors, il compta moins sur le succès de sa négociation. « Car enfin, disait-il deux jours après, jamais discours qui sentit la rudesse ne m'a réussi, et j'ai toujours remarqué que, pour ébranler l'esprit, il ne faut pas aigrir le cœur. » Il se corrigea sur-le-champ d'un air de vivacité qui n'était point de son goût; et, étant passé de l'appartement de la reine à celui de son ministre, il l'entretint avec une douceur dont le cardinal fut touché. Cependant il lui dit, au ton près, tout ce qu'il avait dit à la régente, et il l'exhorta ensuite à se jeter dans la mer pour calmer l'orage. Mazarin lui répondit avec bonté : « Eh bien! notre père, je m'en irai, si M. le Teillier est de votre avis. »

Le jour même on tint conseil chez la reine; les motifs proposés par notre saint y furent discutés. M. le Tellier les combattit par des raisons d'état, comme il le déclara au serviteur de Dieu; et il fut arrêté que le cardinal ne sortirait point.

On comptait presque que Vincent serait disgrâcié : la cour, qui connaissait l'attachement de Vincent de Paule aux intérêts du roi et la pureté de ses intentions, ne lui fit pas un crime de sa droiture. Le Tellier, à qui il fit le lendemain demander un passeport, lui en envoya un signé de la main du roi : ce jeune prince eut encore la bonté de lui donner une escorte, qui le conduisit jusqu'à Villepreux.

Si l'on avait appris dans la capitale ce qui s'était passé à Saint-Germain, le peuple qui, sans trop savoir pourquoi, était furieux contre *le Mazarin*, eût regardé Vincent comme un des plus zélés frondeurs : mais ce digne prêtre, instruit que l'obéissance est la première vertu des sujets, ne laissa point transpirer dans le public les propositions qu'il avait faites et les réponses qu'il avait reçues. Aussi fut-il traité en royaliste, c'est-à-dire, en ennemi déclaré. La haine de ceux qu'il avait exclus des dignités ecclésiastiques se réveilla et devint extrême. Un conseiller, qui se prétendait muni d'un ordre du parlement, se fit donner les clefs de la maison de Saint-Lazare. Il mit des gardes à toutes les portes, et saisit tout ce qu'il y avait de blé dans les greniers. Huit cents soldats furent logés dans les bâtimens. Ils firent partout un dégât effroyable, et, ne trouvant plus rien sur quoi exercer leur fureur, ils mirent le feu aux bûchers et les réduisirent en cendres. Le parlement, qui en fut informé, trouva mauvais qu'on exerçât en son nom de si noires violences. Cette canaille soldatesque eut ordre de se retirer. Mais les dommages qu'elle causa pendant trois jours ne furent point réparés.

Pour comble de malheur, une ferme peu éloignée de Versailles, et qui était alors la principale ressource de Vincent de Paule et des siens, fut si exactement pillée par des soldats débandés, qu'il n'y resta ni blé, ni meubles, ni bétail. Le saint, qui de Villepreux était allé à Fréneville, près d'Étampes, y apprenait tous les jours quelque nouvelle semblable. Mais il ne se livra jamais un instant au murmure et à l'impatience : et dans ces épreuves si dures, surtout quand elles sont multipliées et continues, il répondit toujours : « Dieu soit béni, Dieu soit béni. »

Malgré cette énorme dissipation, il ne laissa pas de trouver le secret de soulager encore bien des malheureux, et chaque jour on donna, pendant trois mois, du pain à deux mille pauvres. Cependant, pour désarmer la colère de Dieu et apprendre à ceux avec qui il était à faire la même chose, Vincent leur prêchait par ses paroles et par ses exemples, la nécessité de faire pénitence. Mal chauffé pendant un hiver fâcheux, nourri avec du pain de seigle et de fèves, mangeant peu, distribuant à des paysans qu'il faisait manger avec lui ce qu'on lui servait de moins mauvais, il ne laissait pas de travailler au salut des habitans de Valpuiseau ; et, par un discours qui ne se sentait point de la caducité de son âge, il leur fit si bien concevoir qu'une satisfaction proportionnée à leurs fautes était le seul moyen de conjurer ou de rendre salutaire l'orage dont ils étaient menacés, que cette seule prédication lui réussit mieux que celles d'un carême entier ne réussissent à d'autres. La plupart des paroissiens voulurent se réconcilier avec Dieu ; et, comme le curé ne pouvait suffire à leur empressement, notre saint et un de ses prêtres s'y livrèrent tout entiers.

Les affaires de l'Etat se brouillant de plus en plus le déterminèrent à faire la visite des maisons de sa congrégation. Il arriva au Mans par un temps affreux. Ses enfans, qui ne s'attendaient à rien moins, le reçurent comme un ange du Seigneur. Il avait compté ne passer avec eux que cinq ou six jours; mais le bruit de son arrivée s'étant répandu malgré lui, tout ce qu'il y avait de meilleur dans le pays vint le saluer, et il fut si accablé de visites qu'il ne put terminer la sienne que quinze jours après l'avoir commencée.

Du Mans, le serviteur de Dieu prit la route d'Angers, où les filles de la Charité ont un établissement considérable. A une demi-lieue de Durtal, son cheval s'abattit dans une rivière, où il se serait noyé sans le prompt secours que lui donna un de ses prêtres qui l'accompagnait. Cet accident ne l'altéra point : il remonta aussitôt à cheval, quoique tout trempé, et se sécha comme il put dans une pauvre chaumière; et, parce qu'on était en carême, il demeura sans manger jusqu'au soir qu'il arriva dans une hôtellerie.

Comme sa première nourriture était d'instruire les pauvres, ce saint vieillard, accablé de besoin et de lassitude, se mit à faire le catéchisme aux domestiques de la maison. L'hôtesse, édifiée et surprise de sa charité, courut dans le village, en ramassa tous les enfans, et sans lui en avoir rien dit, les fit monter en sa chambre. Vincent la remercia de ce soin avec beaucoup d'affection. Il partagea cette jeunesse en deux bandes, il en donna une à instruire à son compagnon, et il instruisit l'autre avec ses manières pleines de bonté et d'onction qui lui gagnaient tous les cœurs. A la suite du catéchisme, il leur fit l'aumône, parce qu'ils étaient aussi pauvres qu'ils étaient mal instruits.

Après avoir mis cinq jours à fortifier les filles de la Charité dans les vertus de leur état, il partit pour Rennes. La Providence, qui voulait que chaque journée de son voyage fût sujette à quelque nouvelle épreuve, l'exposa au plus grand danger qu'il eût jamais couru. Comme il passait l'eau sur un pont de bois entre un moulin et un étang fort profond, son cheval, effrayé du mouvement et du bruit du moulin, recula si brusquement qu'il mit un pied hors du pont et qu'il fut sur le point de se précipiter dans l'étang. Vincent se crut perdu, et ceux qui étaient présens le crurent encore davantage; mais Dieu lui tendit la main. Son cheval s'arrêta tout court, et le saint passa ensuite sans avoir reçu aucun dommage. Il remercia au moment même le Seigneur et le fit remercier par son compagnon d'une protection si visible et si nécessaire. Sur le soir, il arriva dans un mauvais cabaret : on lui donna une chambre, qui, quoique présentée comme la meilleure de la maison, ne valait absolument rien. Mais quelques amis de l'hôte étant survenus, et Dieu sait quels amis, on ne rougit pas de le déloger et de le placer plus mal qu'il n'était d'abord. Il obéit sans répliquer. Il payait bien partout, et il payait encore mieux dans ces sortes d'endroits.

Vincent, qui était dans l'usage de ne faire aucune visite de pure civilité, croyait pouvoir passer *incognito* à Rennes, comme il avait fait à Orléans et à Angers; mais il fut reconnu en entrant dans la ville. Tout y était dans l'émotion aussi-bien qu'à Paris, et les royalistes y étaient mal reçus. A peine avait-il mis pied à terre qu'une personne en place lui manda que le séjour d'un homme comme lui, qui était du conseil de la reine et dans ses intérêts, était suspect aux habitans; qu'on avait dessein de le faire arrêter; qu'on lui en donnait avis, afin qu'à l'heure même il sortît de la ville.

Il se disposait sur-le-champ à partir, lorsqu'un gentilhomme, logé dans la même hôtellerie, l'ayant reconnu, lui dit tout haut, dans un transport de colère : « M. Vincent sera bien étonné, si à deux lieues d'ici on lui donne un coup de pistolet dans la tête. » Un compliment si brutal ne troubla pas beaucoup la sérénité de son âme; mais le théologal de Saint-Brieuc, qui était venu à sa rencontre, l'empêcha de se mettre en campagne, et le pria de voir le premier président. Ce magistrat fut touché de la sagesse et de la gravité de ce respectable vieillard; il comprit bien que son arrivée n'avait rien que de pacifique, et on ne le pressa plus de partir.

Vincent de Paule partit cependant dès le lendemain. Comme il était près de monter à cheval, on vit rentrer dans la ville ce gentilhomme qui l'avait menacé de le tuer; et l'on crut, avec assez de fondement, qu'il était allé l'attendre sur le chemin pour faire ce mauvais coup. Le théologal de Saint-Brieuc, qui avait pour Vincent la plus respectueuse tendresse, voulut partager le danger avec lui, et, quelque instance qu'on pût lui faire, il l'accompagna jusqu'à Saint-Méen. Notre saint y passa quinze jours à la manière des hommes apostoliques; après avoir terminé sa visite, dans laquelle il fit des règlemens pleins de prudence et de piété, il donna le reste du temps au confessionnal, et fit pendant la quinzaine de Pâques toutes les fonctions d'un zélé missionnaire.

Il était en marche pour se rendre en Guienne, lorsque la reine lui fit parvenir l'ordre de retourner incessamment à Paris, où le roi était rentré. Mais les fatigues et les occupations d'une marche si longue et si pénible pour un homme de son âge le firent tomber malade à Richelieu, et il fallut s'y arrêter.

La nouvelle de son indisposition étant arrivée à Paris, on lui envoya l'infirmier de Saint-Lazare, qui savait mieux qu'un autre comment il fallait le traiter. Vincent, qui se regardait comme le plus misérable de tous les hommes, ne put s'empêcher de témoigner quelque peine des égards qu'on avait pour lui. Mais, comme à l'exemple du saint homme Job, il discutait sévèrement toutes ses actions, il crut que l'espèce de chagrin qu'il avait fait paraître avait pu en causer à celui qu'on lui avait envoyé. Pour réparer cette prétendue faute, dont l'infirmier ne s'était point aperçu, il se jeta humblement à ses pieds, lui demanda pardon, et à Richelieu et à Paris, lorsqu'il y fut arrivé. Un de ses assistans, qui était présent à cette seconde humiliation, en fut plus édifié que surpris. On était si accoutumé à voir ce grand homme s'abaisser jusqu'au centre de la terre, et devant ses inférieurs, et devant les étrangers, que quelque chose qu'il fît en ce genre, il ne faisait plus rien de nouveau.

Cependant la duchesse d'Aiguillon, ayant appris sa maladie, lui envoya un petit carrosse pour le ramener aussitôt qu'il serait en état de se mettre en chemin. L'histoire de ce nouvel équipage, qui alarma si fort l'humilité de Vincent de Paule, mérite d'avoir place ici.

Les dames de son assemblée, qui, le voyant très-infirme et fort mal monté, craignaient qu'il ne lui arrivât quelque accident, lui avaient fait faire une voiture. Comme on connaissait son extrême aversion pour tout ce qui ressentait le faste, on l'avait faite si simple qu'elle ne pouvait l'être davantage. Cependant le saint prêtre, quelque besoin qu'il pût en avoir, ne voulut jamais s'en servir, et elle vieillit en quelque sorte par le non usage. C'était cette même voiture que madame d'Aiguillon lui avait envoyée à Richelieu. L'état de faiblesse où il était alors et les ordres de la reine qui l'obligeaient de partir la lui firent prendre jusqu'à Paris. Dès qu'il y fut arrivé, il renvoya les chevaux à la duchesse d'Aiguillon, avec mille remercîmens. Celle-ci, à son tour, les lui renvoya, en le conjurant d'avoir égard au besoin qu'il en avait. Mais cet homme, constamment humble, les refusa une seconde fois, et il protesta que, si l'enflure de ses jambes, qui augmentait tous les jours, ne lui permettait plus d'aller à pied ou à cheval, il était résolu de garder plutôt la maison tout le reste de sa vie que de se faire traîner dans un carrosse. Pour terminer ce différend, qui dura quelques semaines, la duchesse eut recours à la reine et à l'archevêque de Paris, qui tous deux décidèrent en sa faveur. Vincent obéit, parce qu'il fallait le faire; mais il ne le fit qu'avec beaucoup de confusion. Il appelait ce carrosse *sa honte et son ignominie*. Un jour qu'il rendait visite à quelques prêtres de l'Oratoire, quatre d'entre eux l'ayant reconduit à la porte, il dit au révérend père Sénault et à ceux qui étaient avec lui : « Voyez-vous, mes pères, je suis le fils d'un pauvre paysan, et j'ose me servir d'un carrosse. » Bien d'autres auraient ajouté que ce n'était que par obéissance. Au reste, cette voiture et ses dépendances furent au service du public, dès qu'elles furent au sien. Il faisait monter à côté de lui le premier vieillard qu'il trouvait sur sa route, et quelquefois il conduisait les malades jusqu'à l'Hôtel-Dieu. Avec cela, ce faible secours l'a mis en état de rendre, pendant plus de dix ans qu'il vécut encore, de très-importans services à l'Eglise, et d'achever des affaires de la dernière conséquence qu'il n'eût pas même pu commencer s'il en eût été dépourvu.

Dès qu'il eut rendu ses devoirs au roi et à la

reine sa mère, il s'occupa des moyens de réparer une partie des maux que les troupes avaient faits dans le voisinage de Paris; et, parce que les saints mystères avaient été indignement profanés à Châtillon, à Clamart et dans quelques autres paroisses, il voulut qu'il n'y eût personne dans sa maison qui ne s'efforçât de pleurer sur les lieux le cruel outrage que ce Dieu victime avait reçu dans le plus redoutable de nos sacremens.

Cependant la maison de Saint-Lazare, que la fronde avait très-maltraitée, et qui avait fait, malgré cela, de prodigieux efforts pour nourrir une multitude de pauvres pendant la guerre de Paris, se trouva enfin dans un état pitoyable. Destituée d'argent, de provisions, de secours, elle manquait de tout. Quoique le saint souhaitât que les siens fussent nourris, et qu'il reprît fortement ces procureurs intéressés, qui semblent croire que des prêtres accablés de travail, sont assez bien quand ils ne sont pas plus mal que des domestiques, il se vit réduit à faire manger à ses enfans du pain d'orge, et, quelque temps après, du pain d'avoine. L'exemple qu'il leur donnait en ce genre, comme en tout autre, et plus encore sa tendresse pour eux, dont ils ne doutèrent jamais, écarta jusqu'à l'ombre du murmure : aussi n'avait-il point d'inquiétude de ce côté là. « Les pauvres, dit-il lui-même dans une lettre, les pauvres qui ne savent où aller ni que faire, qui souffrent déjà, et qui se multiplient tous les jours, c'est là mon poids et ma douleur. »

Ce poids s'augmenta bientôt, et en peu de mois il devint si pesant que tout autre en eût peut-être été accablé. L'esprit de discorde qui agitait la France souffla avec plus d'impétuosité que jamais.

Les premières nouvelles de l'excès du mal vinrent du côté de Guise, que l'ennemi n'avait pu prendre, mais dont il avait désolé les environs. Quelques personnes qui arrivaient de ce canton à Paris racontèrent qu'elles y avaient vu un grand nombre de soldats malades, languissans, privés de tout secours, et qui mouraient au milieu des chemins, sans sacremens et sans consolation humaine.

Ce malheur toucha peu ceux même des Parisiens qui étaient charmés de la retraite des ennemis. Il n'en fut pas ainsi de Vincent de Paule, à qui Dieu avait donné des entrailles de miséricorde. Il fit aussitôt partir deux de ses missionnaires avec un cheval chargé de vivres, et environ 500 livres en argent.

Ces messieurs comprirent au premier coup d'œil que la modicité du secours n'avait aucune proportion avec la grandeur du mal. Ils trouvèrent le long des haies et sur toutes les routes un si grand nombre de malheureux, dont les uns étaient accablés de langueur, les autres n'attendaient plus que le coup de la mort, que leurs provisions furent consommées en un instant. Ils coururent aux villes voisines pour en acheter d'autres; mais quelle surprise pour eux de voir ces mêmes villes dans un état aussi déplorable que celui des campagnes! On y manquait de tout. La disette, la faim, les plus humilians besoins y régnaient presque universellement. Dans une conjoncture si fâcheuse, ces deux prêtres se hâtèrent d'écrire à saint Vincent, que la désolation était générale dans tout le pays, et que c'en était fait d'un peuple de malheureux, s'ils n'étaient promptement secourus.

A ces nouvelles, le saint résolut de tout entreprendre pour soulager ses frères. Quelque épuisées que fussent les dames de son assemblée, soit par les aumônes qu'elles avaient fait passer en Lorraine, soit par l'énorme dépense qu'elles faisaient depuis douze ans en faveur des enfans trouvés, il sut les porter à de nouveaux efforts. Mais, pour les ménager autant que des conjonctures aussi pressantes le permettaient, il fit prier l'archevêque de Paris de recommander aux fidèles les besoins de ces deux provinces. Les chaires chrétiennes retentirent bientôt de leurs larmes et de leurs gémissemens. Les prédicateurs n'avaient pas besoin d'hyperboles : la misère allait bien au-delà de leurs expressions.

Comme le mal pressait, et qu'un quart-d'heure de retard pouvait rendre le remède inutile en plusieurs de ceux qui en étaient atteints, Vincent, avec les premiers secours qu'il put ramasser, fit partir à différentes reprises jusqu'à seize de ses missionnaires; et après eux quelques filles de la Charité, qui, toujours hors d'insulte à l'ombre de leur propre vertu, remplirent de la manière la plus édifiante tous les devoirs de leur profession. Ce ne fut qu'après l'arrivée des uns et des autres que l'on connut au juste l'étendue de la misère qui ravageait ce malheureux pays. Le Vermandois, la Thiérache, une grande partie du Soissonnais et du Rémois, le Laonnois, le Rételois étaient dans ce triste état, où Dieu met les pays qu'il frappe de sa colère. La famine y était telle qu'on voyait les hommes manger la terre, arracher les écorces des arbres, dévorer les haillons dont ils étaient couverts. « Mais, écrivaient quelques-uns de ces zélés missionnaires à Vincent de Paule, ce qui fait horreur, et ce que nous n'oserions dire, si nous ne l'avions vu, ils se mangent les bras et les mains, et meurent dans ce désespoir. » L'excès du mal avait étouffé jusqu'aux sentimens de la nature dans un peuple qui eut toujours de l'humanité; et, lorsque les premiers secours arrivèrent de Paris, les bourgeois de Saint-Quentin, accablés du concours de leurs voisins, et ne sachant plus quel parti prendre, dans la crainte où ils étaient d'être assiégés, avaient résolu de jeter pardessus les murailles de la ville une foule de pauvres étrangers, qui, au nombre de sept ou huit mille, s'étaient retirés chez eux.

Tel était, et tel fut pendant près de dix ans, c'est-à-dire, jusqu'à la paix des Pyrénées, l'état de deux grandes provinces et de quatre ou cinq diocèses qu'elles renferment. Il est vrai qu'après les trois ou quatre premières années le mal eut des variations et comme des accès inégaux; mais il est vrai aussi qu'il recommença souvent où il avait paru cesser et qu'il y eut toujours plusieurs cantons, dont chacun avait besoin d'un secours, qui, médiocre à raison des parties, devenait énorme à raison du tout.

Pendant les premières années la dépense allait à 15,000, et quelquefois 30,000 livres par mois; encore eu égard à la cherté des vivres, à la multitude et au prodigieux besoin des pauvres, fallait-il user de beaucoup d'économie.

Comme dans un pays, où les églises avaient été profanées, le corps du fils de Dieu foulé aux pieds, les calices et les ornemens enlevés, les prêtres massacrés ou mis en fuite, il était difficile que les besoins de l'âme ne fussent de niveau avec les besoins du corps, les missionnaires n'avaient pas un moment de répit; et on en est encore à comprendre comment ils soutinrent pendant tant d'années un travail si dur et si accablant. En effet, la charité leur fit souvent entreprendre ce que des forçats n'auraient entrepris que par la crainte des châtimens. Un d'eux, plus de huit semaines après la bataille de Rethel, fit enterrer deux mille Espagnols, dont les membres épars répandaient une odeur qui, peu à peu, eut porté la contagion dans tout le voisinage. Un autre, qui se nommait Donat Cruoly, faisait pour les pauvres ce que les héros du siècle ne font pas pour la gloire. « Il passait les rivières, marchait pieds nus, faisait des courses périlleuses au milieu des troupes », étonnait les amis et les ennemis par sa contenance intrépide, et enlevait des gendarmes le bétail qu'ils venaient eux-mêmes d'enlever à de pauvres gens, dont il était toute la ressource.

Tant et de si importans services rendus à ces deux provinces méritèrent à saint Vincent l'éloge et la bénédiction des pasteurs, des magistrats et des peuples. La ville de Rheims arrêta que, chaque jour, on célébrerait, pour lui et pour les dames de son assemblée, une messe devant le tombeau de Saint Remi; et, afin que tous les habitans du lieu pussent au moins une fois faire éclater de concert leur gratitude, on fit, le lundi de la Pentecôte, en 1651, une procession générale, depuis l'église métropolitaine jusqu'à celle de ce saint pontife, pour prier Dieu de faire une ample miséricorde à ceux qui l'avaient si généreusement exercée en faveur de ce peuple affligé. Tous les corps de la ville se trouvèrent à cette pieuse cérémonie, et ils furent suivis d'une foule si nombreuse, que Rheims, tout accoutumé qu'il est aux grands spectacles, n'avait jamais vu de si prodigieux concours.

Au fond, ni les Picards, ni les Champenois ne pouvaient trop faire pour leurs bienfaiteurs. La dépense qu'on fit pour eux et pour leurs églises alla enfin à plus d'un million; et, ce qui donne à la charité de Vincent de Paule un nouveau prix, c'est que, dans le temps même qu'il faisait de si grands efforts en faveur de ces deux provinces, il était obligé de porter du secours dans les lieux qui n'étaient guère moins affligés.

Les premiers cris qui l'invoquèrent furent

ceux d'un nombre d'Irlandais catholiques qui, forcés par Cromwel de quitter leur patrie, s'étaient mis au service du roi, et avaient été très-maltraités pendant deux campagnes. Il ressemblaient moins à des hommes qui avaient contribué à la levée du siége d'Arras, qu'à des fugitifs qui se sont sauvés d'une déroute. Les veuves de leurs camarades, et environ cinquante orphelins dont ils étaient suivis, étaient, comme eux, dans un état à effrayer. Ils marchaient pieds nus au milieu des neiges; et, lorsqu'ils arrivèrent à Troyes, qui leur avait été assigné pour quartier d'hiver, ils avaient été neuf jours sans manger du pain. Leur entrée dans cette ville offrit aux habitans le plus terrible spectacle qu'ils eussent jamais vu. Une partie était couchée dans la place de Saint-Pierre, l'autre ramassait dans les rues ce que les chiens ne voulaient pas manger.

A peine Vincent de Paule fut-il informé de leur position, qu'il fit partir un de ses prêtres, qui, étant Irlandais lui-même, était plus en état que personne d'entrer dans tous leurs besoins. Au moyen de 600 livres qu'il distribua d'abord, et qui donnèrent de l'émulation à la bourgeoisie de Troyes, on adoucit beaucoup la rigueur de leur sort. Mais, parce que dans les vues du serviteur de Dieu, le soulagement du corps n'était qu'un chemin pour arriver à la réforme du cœur, et que des gens, qui, d'un pays où il n'y avait presque plus de pasteurs, étaient passés dans un royaume dont ils n'entendaient pas le langage, avaient besoin d'instruction, le même missionnaire leur en fit deux fois par semaine pendant tout le carême, et il eut le bonheur de les mettre en état de manger la pâque du Seigneur avec les azymes de la sincérité et de la justice chrétienne.

Je n'ai placé ici l'affaire des Irlandais réfugiés à Troyes que pour n'être pas obligé de revenir à la Champagne. Le centre du royaume va nous fournir des objets plus voisins et qui ne sont guère moins intéressans.

Le siége d'Etampes, la bataille du faubourg Saint-Antoine, tant de marches, de contre-marches, de campemens, de combats, aux portes de Paris, et pour ainsi dire, à Paris même, avaient mis la famine, et bientôt après la maladie dans tous les lieux où les armées avaient séjourné. Etampes, Corbeil, Palaiseau, Saint-Cloud, Gonnesse, Saint-Denis, Lagni, et ce qu'il faut toujours supposer, tous les villages d'alentour, avaient l'air de ces campagnes qu'une grêle impétueuse a moissonnées jusqu'à la racine. Aussi n'y voyait-on de toutes parts que des morts et des mourans. Les femmes pleuraient leurs maris, et les mères leurs enfans, qui souvent avaient fini leurs jours dans des tourmens horribles, les uns ayant été jetés dans des fours ardens, les autres ayant été déchirés avec des épines; et quelques-uns, après une infâme mutilation, ayant eu le ventre ouvert, pour être forcés à déclarer où étaient les ornemens de leurs églises.

Vincent, qui ne pouvait fournir à tout, engagea différentes communautés à s'associer à ses travaux, ce qu'elles firent avec beaucoup de zèle. Ses missionnaires distribués en deux bandes principales eurent en partage Étampes, Lagni et tout le pays qui est contigu à ces deux villes, sans parler de Palaiseau, et de quelques autres endroits semblables où les soldats avaient fait de grands ravages.

Étampes leur donna bien de l'exercice. On n'y voyait que des spectres desséchés, livides, défigurés, à qui les cadavres, qu'ils trouvaient entassés dans l'enceinte de leurs murailles, faisaient sentir par avance toute la rigueur de leur destinée. Ce fut ce premier objet d'horreur que nos prêtres, à force d'argent et de travail, leur ôtèrent de devant les yeux. On parfuma ensuite les places et les maisons pour les rendre habitables. Les enfans qui avaient perdu leurs pères et mères furent rassemblés, entretenus et nourris dans une maison commune. Les convalescens se fortifièrent. Ceux qui étaient malades de langueur et d'inanition commencèrent à se rétablir.

Ce qui les affligea beaucoup, ce fut de n'avoir recouvré la vie qu'aux dépens de celle de leurs libérateurs. L'air empoisonné que respiraient souvent les missionnaires, les mauvais alimens dont ils usaient pour ménager le bien des pauvres, le mouvement continuel qu'ils se donnaient nuit et jour accablèrent enfin la nature. Quatre ou cinq succombèrent. « Heureux, disait Vincent, malgré la douleur dont il était pénétré, heureux d'être morts les armes à la main, et d'avoir cueilli sur le champ de bataille la palme préparée à ceux qui combattent jusqu'à la fin. » Plusieurs filles de la Charité qui avaient eu part à leurs travaux méritèrent aussi d'avoir part à la couronne.

Il fallut bientôt commencer à Atis, à Juvisy, et surtout à Palaisseau, où les troupes avaient demeuré pendant vingt jours, ce qu'on n'avait pas encore fini à Lagni et à Etampes. Vincent eut besoin de tout son courage pour soutenir tant d'assauts, que de nouvelles misères lui livraient tous les jours. L'ardeur de sa charité le soutint lui-même. Il fit parler les soupirs, les voix mourantes d'un peuple malheureux que la faim dévorait. Dieu, qui l'avait fait naître pour être le prodige de son siècle, lui fit trouver grâce devant bien des gens, qui peut-être en auraient rebuté un autre. Plusieurs séculiers, souvent de condition, et toujours de vertu, se joignirent à lui. Le serviteur de Dieu, qui avait fait naître ces heureuses dispositons, s'en servit utilement, pour commencer dans Paris ce qu'on continuait en Picardie, en Champagne, et dans tous les autres endroits que nous venons de nommer.

Le blocus de cette grande ville, la moisson prématurée qu'avaient faite les troupes, le défaut de travail, qui, en moins d'une semaine, réduisit à la mendicité une foule d'artisans, l'affluence d'une multitude d'étrangers, qui ne croient pouvoir être plus mal que dans leur propre pays, toutes ces circonstances, dont une seule suffit pour affamer cette immense capitale, s'étaient réunies pour la désoler. Le mal était grand; le remède, quoique dispendieux, y fut proportionné. Vincent marquait lui-même, dans une lettre qu'il écrivait alors à un docteur de Sorbonne, qu'on donnait chaque jour dans Paris du potage à quatorze ou quinze mille pauvres qui, sans cela, seraient morts de faim; qu'on avait mis hors de toute atteinte huit ou neuf cents filles, en les rassemblant dans des maisons particulières; et qu'enfin l'on préparait actuellement un monastère dans lequel on devait renfermer un bon nombre de religieuses, qui étaient éparses çà et là dans la ville, et dont quelques-unes logeaient dans des lieux suspects. Le saint ne parle pas de la très-grande part qu'il eut à tous ces biens, parce qu'il ne connut jamais ses vertus; et ce n'est qu'après sa mort qu'on apprit les services qu'il avait rendus aux habitans de Palaiseau. Il en rendit en même temps un au peuple de Génévilliers, qui doit rappeler aux enfans l'attention et la charité qu'il eut pour leurs pères.

La Seine s'étant extrêmement débordée, Vincent, qui passait une partie de son oraison à gémir et de ses misères prétendues, et des misères réelles des pauvres, pensa qu'une inondation si considérable pourrait bien être funeste à ce village, que la situation fort basse de son terrain livre naturellement à l'impétuosité des eaux. Personne n'en avait parlé au saint prêtre; mais son cœur lui en parla suffisamment. Sans s'informer davantage de ce qui pouvait en être, il fit charger de pain une grande charrette, qu'il y envoya, au moment même, avec deux de ses missionnaires.

Ce secours, qui fut regardé comme l'effet d'une inspiration particulière, arriva très-à propos. La faim commençait à se faire vivement sentir à Génévilliers. Les habitans à demi submergés dans leurs maisons, poussaient des cris inutiles; personne n'allait à eux et il était dangereux de le tenter à cause de la rapidité des flots. Nos missionnaires déchargèrent leurs provisions dans une nacelle; et voguant d'un côté et de l'autre, ils distribuèrent leur pain par les fenêtres, parce qu'il n'y avait point de porte qui ne fût inondée. Les divers courans, qui effrayaient les bateliers mêmes, les mirent plus d'une fois en danger; mais Dieu les préserva, et ils continuèrent cet office de charité jusqu'à la fin de ce petit déluge. Lorsqu'il fut passé, ces pauvres gens, touchés du service que notre saint leur avait rendu, lui députèrent quelques-uns des principaux du lieu, pour le remercier au nom de tous les autres. Il les reçut avec bonté; mais il leur fut aisé de comprendre que l'honneur de servir Jésus-Christ en ceux de ses membres qui souffraient, était la seule récompense qu'il eût ambitionnée.

En remplissant ainsi tous les devoirs d'un bon citoyen, le serviteur de Dieu n'oubliait pas ceux d'un sujet fidèle. Persuadé que l'obéissance au roi était le seul moyen qui pût pacifier les troubles, il fit tout ce qui dépendait de lui pour étouffer les semences de révolte qui germaient de toutes parts. Il engagea d'abord à une sévère résidence plusieurs prélats, que leurs affaires demandaient à Paris, mais qui ne pouvaient s'absenter de leurs diocèses sans faire tort à l'autorité du prince qu'ils maintenaient par leur présence. Il traita encore plus avec Dieu qu'avec les hommes. Il invita un grand nombre de personnes vertueuses à fléchir sa miséricorde, par la prière, le jeûne, l'aumône, et toutes les œuvres d'une solide pénitence. Quoique la vie de ses missionnaires ne fût qu'un tissu de pénibles travaux, il voulut que chaque jour trois d'entre eux, c'est-à-dire un de chaque état, jeûnassent pour obtenir la paix du royaume. Lui-même, quoique infirme et plus que septuagénaire, était le premier à subir la loi. Jamais règle n'eut d'exception pour lui. Pendant la bataille du faubourg Saint-Antoine, dont le bruit venait jusqu'à lui, ce digne prêtre, prosterné entre le vestibule et l'autel, s'offrait comme un anathème à la justice de Dieu, et le conjurait par les entrailles de sa miséricorde, de retirer la main qui portait à son peuple des coups si terribles.

Il fut, pendant ce temps de troubles, fort souvent insulté, comme l'étaient les plus gens de bien et tous ceux qui tenaient le parti du roi. A la porte de la conférence, il fut chargé d'injures, battu, menacé de la mort; et il ne s'en vengea qu'en demandant au magistrat qui voulait sévir, la grâce des coupables. Il fut encore plus maltraité à deux pas de chez lui. Un homme furieux, sous prétexte que le saint l'avait heurté en passant, lui donna un soufflet, ajoutant, par la plus noire des calomnies, qu'il était la cause des impôts dont le peuple était chargé. Vincent, au lieu de le faire arrêter comme il l'aurait pu, se mit à genoux devant lui, tendit l'autre joue, et confessa publiquement, non qu'il était l'auteur des subsides dont l'imposition ne fut jamais de son ressort, mais qu'il était un grand pécheur, et demanda pardon à cet homme du sujet qu'il avait pu lui donner de le traiter ainsi. L'humilité profonde de ce vénérable prêtre toucha le cœur du coupable. Il vint, le jour suivant, faire à son tour de très-humbles excuses au serviteur de Dieu. Vincent le reçut comme on reçoit un bon ami, le pria de passer sept ou huit jours avec lui, profita de ce temps pour l'engager aux exercices de la retraite; et, après l'avoir gagné à lui même par sa douceur, il le gagna ensuite à Dieu par sa charité et son affection.

Du reste, pendant qu'on l'accusait si mal-à-propos d'être l'auteur des calamités publiques, il n'était occupé, nuit et jour, que du moyen de les arrêter. Tant d'aumônes, de jeûnes, de mortifications, de travaux de sa part et de celle des missionnaires, en sont des preuves incontestables. Cependant, comme il vit que cela ne suffisait pas, il crut devoir faire ce qu'avaient fait avant lui bien des saints que leur état engageait à une solitude plus austère que la sienne.

A leur exemple, il voulut tenter de réunir au parti du roi ceux des princes qui l'avaient abandonné. Mais comme il était impénétrable, surtout par rapport aux affaires qui pouvaient lui donner du relief, presque tout ce qu'on a pu savoir de sa négociation, c'est que, peu de temps avant que la paix fût conclue, il eut de longs entretiens avec la reine, le duc d'Orléans, le prince de Condé et le cardinal Mazarin. Y aurait-il de la témérité à croire que la réunion qui, bientôt après, suivit ces premières démarches, en fut le fruit, et que Dieu l'accorda enfin aux prières et aux efforts que fit le saint prêtre pour l'obtenir?

Ce fut alors qu'on lui représenta que la guerre civile, étant heureusement terminée, il était juste de retrancher, parmi les siens, les mortifications extraordinaires qu'il avait établies à son occasion; mais il les fit continuer, parce que la guerre avec l'Espagne durait toujours. Il eut enfin la consolation de la voir finir cette guerre qui avait duré vingt-cinq ans, et qui, jointe aux fureurs domestiques, avait épuisé le royaume. Eh! quels ravages n'eussent pas faits tant de maux réunis, si l'homme de miséricorde ne lui eût opposé une patience incapable de se rebuter, un courage invincible, une charité inépuisable!

Vincent avait enterré l'ancien prieur des religieux qui desservaient la maison de Saint-Lazare, celui-là même qui s'était donné tant de mouvemens pour la lui faire accepter. Jamais bienfaiteur n'a eu plus lieu de s'applaudir de sa libéralité. Il éprouva toujours de la part de ses enfans adoptifs la plus parfaite reconnaissance. Mais les égards qu'eut pour lui notre saint prêtre n'eurent rien de ces faiblesses qui se trouvent quelquefois dans les amitiés humaines. En voici un exemple qui fait trop d'honneur à l'un et à l'autre pour être supprimé.

Une abbesse d'une haute naissance fut, pour des fautes scandaleuses, enfermée par ordre de la reine et par le conseil de Vincent de Paule. M. Le Bon, qui avait de grandes obligations à cette religieuse, fut chargé par elle de travailler à son élargissement. Comme il connaissait le pouvoir absolu qu'il avait sur l'esprit du serviteur de Dieu, il ne forma aucun doute qu'il n'en obtînt tout ce qu'il jugerait à propos de lui demander. Il se trompa; le saint lui répondit qu'il était fâché de ne pouvoir céder à ses désirs, mais que sa conscience ne le lui permettait pas. Le prieur fut très-sensible à ce refus. Heureusement le poids qu'il avait sur le cœur ne l'accabla pas long-temps. Il apprit par des voies sûres que la dame pour laquelle il s'intéressait ne méritait point de grâce. Dès ce moment il rendit justice à la fermeté du saint prêtre, et, s'étant jeté à ses pieds, il lui demanda pardon du jugement précipité qu'il avait porté de lui. Vincent, qui s'était aussi mis à genoux, fut charmé de ce dénouement; et depuis cette froideur momentanée, il lui donna en toute occasion des preuves de la plus humble et de la plus sincère déférence.

Sa tendresse parut redoubler quand il se vit sur le point de le perdre. Dans sa dernière maladie, il lui rendit tous les devoirs de la plus ardente charité. Lorsqu'il le vit tendre à sa fin, il fit mettre à genoux autour de lui tous ses missionnaires; et, pendant son agonie, qui fut longue, il récita les prières que l'Eglise a établies pour ce dernier moment.

Lorsque ce sage vieillard, qui était âgé de plus de soixante-quinze ans, eut rendu le dernier soupir, et qu'on lui eut fait la recommandation de l'âme, Vincent, après avoir conjuré Dieu d'une manière très-pressante de vouloir bien appliquer à ce cher défunt le peu de bien que sa congrégation avait pu faire jusque là, pria les siens, en des termes extrêmement humbles, de n'oublier jamais cet illustre bienfaiteur. Il lui fit faire des funérailles très-honorables; et pour perpétuer la mémoire des services que sa congrétion en avait reçus, il les fit graver sur le marbre, avec l'épitaphe du défunt. Il voulut encore que tous les ans on lui fît, le 9 d'avril, jour de son décès, un service solennel.

Quelques mois après la mort de M. Le Bon, le saint prêtre tint une espèce d'assemblée générale, où, parmi plusieurs bons réglemens, l'on en fit un pour maintenir une juste fermeté dans le tribunal de la pénitence; car il est bon de remarquer que si Vincent de Paule n'approuvait pas ce rigorisme outré qui damne tout l'univers, il était fort ennemi de la morale relâchée. Il félicita plus d'une fois les évêques et la Sorbonne d'avoir censuré ces monstrueuses propositions, dont un paganisme éclairé aurait eu honte. Il voulait que les siens s'attachassent inviolablement à cette pratique vraiment chrétienne qui se trouve dans l'Évangile, dans les écrits des saints docteurs, dans les décisions du siége apostolique. Mais s'il eut un vrai zèle pour la pureté de la morale, il n'en eut pas moins pour l'intégrité du dogme. Ses travaux en sont une preuve incontestable.

FIN DU LIVRE TROISIÈME.

LIVRE QUATRIÈME.

Vincent de Paule continua les bonnes œuvres qui l'avaient si saintement occupé. Outre la mission du Reuil, à laquelle il travailla comme aurait pu faire un homme de quarante ans, il entretint, dans le seul diocèse de Paris, quatre bandes d'hommes apostoliques; et, pendant qu'aux désirs de la congrégation de la propagande, il se chargeait d'envoyer une troisième fois de dignes prêtres dans les îles Hébrides, il cultivait à Paris une nombreuse pépinière de jeunes Ecossais, qui devaient un jour perpétuer dans leur pays le bien que ceux de sa compagnie ne pouvaient qu'y ébaucher.

Mais la plus belle action qui ait signalé la soixante-dix-huitième année de saint Vincent de Paule, fut sans doute l'établissement qu'il fit d'un hôpital pour un grand nombre de pauvres vieillards. Comme cette action, quoique considérable en elle-même, le fut encore plus à raison de ses suites, on ne trouvera pas mauvais que nous nous y arrêtions un peu.

Un bourgeois de Paris, qui connaissait la sagesse et la charité du saint prêtre, vint le trouver en 1653, et lui dit qu'il se sentait intérieurement poussé à faire quelque chose pour le service de Dieu; que pour ne pas résister au mouvement de l'Esprit-Saint, il avait dessein de sacrifier une somme considérable; que n'ayant aucune vue particulière, il ratifiait par avance le pieux emploi qu'il jugerait à propos d'en faire; que pour toute condition il n'exigeait de lui qu'une chose, c'est que ne voulant être connu que de Dieu, on ne le fît jamais connaître à personne. Ce dernier article fut promis sur-le-champ, et il a été fidèlement exécuté.

Vincent de Paule, après avoir consulté le Seigneur, pensa que si l'on pouvait établir un lieu de retraite pour un nombre de pauvres artisans, qui, réduits sur leurs vieux jours, aux inquiétudes de la mendicité, oublient l'affaire de leur salut, on ferait une chose très-agréable à Dieu. Le bienfaiteur goûta cette idée, mais il exigea que le saint et ses successeurs se chargeassent à perpétuité de la direction temporelle de ce petit établissement.

Vincent acheta sans délai deux maisons et un emplacement considérable dans un des faubourgs de Paris. Il y fit accommoder une petite chapelle et la fournit d'ornemens. Dès que tout fut en état, il reçut dans ce nouvel hospice quarante pauvres de l'un et de l'autre sexe. Il les logea en deux corps de bâtimens séparés l'un de l'autre, mais si bien disposés qu'hommes et femmes, tous entendent les mêmes offices et la même lecture de table sans le voir. Il nomma des filles de la Charité pour les servir, et un de ses prêtres pour leur distribuer le pain de la parole et leur administrer les sacremens. Il fut lui-même un des premiers à les instruire, à leur recommander la paix et l'union, à former en eux une tendre piété, à les porter à bénir par leurs voix mourantes la main adorable qui, pour reconnaissance de ses miséricordes, ne leur demandait que le sacrifice de leurs dernières années.

Lorsque la maison du Nom de Jésus, c'est le titre de celle dont nous parlons, eut pris une forme convenable, plusieurs des dames de la fameuse assemblée du saint prêtre allèrent la visiter. Elles voulurent tout voir, tout examiner, se faire rendre compte de tout. Plus elles examinèrent, plus elles furent édifiées. Quarante vieillards qui vivaient dans l'union la plus parfaite, et qui ne connaissaient ni le murmure, ni la médisance, qui au premier son de la cloche, se rendaient à leurs petits ouvrages et plus volontiers encore aux exercices de piété, qui témoignaient tous par leurs paroles, et quelquefois par leurs larmes, que jamais ils n'avaient été si contens ; en un mot, quarante vieillards qui avaient plus l'air d'une communauté religieuse que d'un hospice de séculiers, parurent aux yeux de la foi un spectacle propre à attendrir et à consoler. On compara, presque sans s'en apercevoir, des pauvres si bien réglés à cette multitude de gens sans aveu, sans pudeur, sans religion, qui battaient le pavé de Paris, inondaient les églises, et souvent l'épée au côté demandaient l'aumône d'un ton à laisser peu de mérite à la libéralité des fidèles. Tant de ferveur d'un côté, tant de libertinage de l'autre, firent un contraste qui donna lieu à bien des réflexions.

Pendant que l'instituteur de la mission travaillait avec tant d'ardeur à procurer la gloire de Dieu, Dieu travaillait, ce semble, à le purifier de plus en plus par les peines et les afflictions.

Il fit, dans l'espace de deux ans et demi, des pertes très-considérables par la mort de plusieurs excellens sujets, que diverses maladies lui enlevèrent coup sur coup à Madagascar, en Pologne et en France. Il se vit, en quelque sorte, diffamé par un jeune luthérien allemand, qui, sous un habit de missionnaire qu'il avait volé, s'en alla au prêche de Charenton, et fit honneur de sa conquête au ministre Drelincourt. Il fut obligé de faire sortir de Rome tous ceux de ses prêtres qui étaient Français, parce qu'ils avaient donné, par ordre d'Innocent X, une retraite honorable au cardinal de Retz, à qui Mazarin fut bien aise de faire sentir que son pouvoir allait bien au-delà des Alpes. Assez peu de temps après, il eut la douleur d'apprendre qu'un homme, qu'il avait envoyé en Angleterre pour visiter ses confrères dont on ne recevait point de nouvelles, avaient été obligé de se dérober par la fuite aux recherches de Cromwel; que trois autres, qu'il destinait pour Madagascar, loin de pouvoir en approcher, n'avaient évité de périr avec le navire que par une singulière protection de Dieu, et qu'un des siens, qui faisait les fonctions de consul à Alger, était tous les jours à la veille d'y expirer dans les tourmens.

Il est vrai que Dieu tempérait quelquefois

l'amertume de sa conduite par une ombre de consolation; et que notre saint eut celle de voir ses enfans solidement établis à Gênes, par les bienfaits de l'illustre marquis de Pianèze, son institut confirmé par Alexandre VII, avec défense de faire jamais aucun vœu solennel, et ce qui le toucha peut-être plus encore, une brave et vertueuse noblesse, guidée par ses avis, et animée par l'exemple du marquis de Fénélon et de l'intrépide maréchal de Fabert, renoncer à tout duel par un serment qui se fit avec beaucoup d'appareil dans le séminaire de Saint-Sulpice. Mais ces momens de joie passaient plus vite que les rayons du soleil pendant l'hiver. Une nouvelle favorable nageait au milieu de vingt autres qui ne pouvaient qu'affliger. La peste, qui commençait à désoler l'Italie et qui menaçait plus que personne des prêtres aussi laborieux que les siens, le fit trembler pour eux; et bientôt la réalité du mal succéda aux larmes. Il est vrai que Dieu partagea ses victimes; mais s'il voulut bien ménager celles dont la perte aurait été plus sensible au saint homme, il faut avouer qu'il lui vendit bien cher ses miséricordes. De huit prêtres qu'il avait à Gênes, c'est-à-dire, de huit apôtres, dont les travaux avaient si souvent attendri jusqu'aux larmes le cardinal Durazzo, la mort lui en enleva sept en moins de vingt jours, et il n'y en resta qu'un qui, dès qu'il fut guéri, se remit à servir les malades. Le saint, en faisant part de cette nouvelle à sa communauté, lui perça le cœur du trait dont il était lui-même blessé.

Mais, comme son amour était encore plus vif que sa douleur, il apprit moins aux siens à regretter ceux qui n'étaient plus qu'à bénir celui qui est aujourd'hui et qui sera dans tous les siècles.

Il le bénissait lui-même par un travail si assidu qu'on ne peut concevoir comment il y pouvait fournir dans un âge si avancé. Il ne nous reste qu'une très-petite partie des lettres qu'il écrivait en France, en Barbarie, dans les pays encore plus éloignés : cependant, elles sont en si grand nombre qu'on est effrayé de leur multitude et de la variété des matières sur lesquelles il était obligé de répondre. Ici, c'est un évêque, un abbé de la première condition, un directeur, qui le consultent sur des affaires aussi délicates qu'importantes. Là, ce sont des princesses qui lui demandent ou des missions pour leurs terres, secours qu'il ne refusait jamais, ou des permissions d'entrer dans les monastères de filles dont il était supérieur, permissions qu'il refusait presque toujours. Tantôt c'est la congrégation de la propagande qui le conjure d'envoyer de ses enfans au Grand-Caire, tantôt c'est M. de la Meilleraie qui, après quelque refroidissement, lui en demande pour les pays étrangers. Un jour c'est une mère affligée, qui, du fond du royaume où sa charité l'avait fait connaître, le prie de s'intéresser pour un fils qui, captif à Alger, est en danger d'y perdre la vie ou la foi; un autre jour c'est un renégat qui d'Alger s'adresse à lui, pour trouver dans sa charité les moyens de réparer son apostasie. Aujourd'hui c'est une abbesse qui, rebutée des difficultés de la conduite, ne sait quel parti prendre; demain ce sera une fille qui, après quelques mois de noviciat, est tentée de retourner en arrière. Souvent ce sont les nonces Bagnie et Piccolomini qui, de vive voix ou par écrit, veulent avoir son avis sur différens points qui regardent ou le bien particulier de quelques diocèses, ou le bien général de toute l'Eglise; plus souvent ce sont de sages religieux qui ont recours à lui comme à un père toujours prêt à les aider, soit dans la réformation de leurs ordres, soit dans d'autres affaires presque aussi épineuses. Le matin ce sera l'illustre maison de la Mothe-Fénélon, à qui il prédit, pour l'empêcher de s'opposer à un mariage, qu'il en naîtra un fils qui sera la gloire de son nom; le soir, et dans tout ceci nous n'exagérons rien, ce sera le chef d'une auguste compagnie, qui concerte avec lui quelques-uns de ces jugemens que la politique peut improuver, mais que l'équité et la religion avoueront toujours. Quelquefois c'est un missionnaire qui a besoin d'être fixé dans son état, ou d'être ramené à sa première ferveur; d'autres fois ce sont de vertueux prêtres, qui ne connaissent ni soulagement ni repos, et dont il faut modérer le zèle pour le faire durer davantage.

Ce qui donna toujours un grand prix aux travaux de notre saint, ce fut la paix et la confiance qui les accompagnaient. Dans le temps que la mort lui enlevait tant de vertueux prêtres, il compta toujours que la Providence daignerait les remplacer par d'autres qui ne les démentiraient point; et le ciel ne confondit pas son attente.

Pendant ce temps, le serviteur de Dieu faisait, pour la sanctification du peuple de Metz, des préparatifs qui eurent un succès tout heureux. La cour étant dans cette ville en 1657, Anne d'Autriche vit avec douleur que Dieu n'y était pas bien servi, et qu'il y avait des abus à réformer. Lorsqu'elle fut de retour à Paris, elle dit à notre saint, qu'ayant été témoin des biens qui se font par les missions, son intention était qu'il en fît faire une à Metz. Vincent, au lieu de ses prêtres, que les lois de son institut ne permettaient pas de donner, quand il pouvait en trouver d'autres, choisit sur le grand nombre de ceux qui formaient sa conférence, quarante ecclésiastiques de mérite et de bonne volonté. Il mit à leur tête l'abbé de Tournus, homme dont le nom et les vertus formaient un heureux préjugé. Mais un débordement aussi universel qu'il fut terrible donna et à la pieuse troupe et à celui qui l'envoyait, les plus sérieuses inquiétudes. Vingt jours s'écoulèrent sans qu'il reçût de leurs nouvelles. Enfin il apprit qu'ils étaient arrivés au terme. Il en bénit Dieu, dans la persuasion que, si sa miséricorde daignait les conserver, ils travailleraient efficacement à sa gloire. Il ne se trompa point. La mission de Metz réussit parfaitement, et la reine, à qui l'abbé de Tournous rendit compte du travail et du succès, en fut si édifiée qu'elle résolut dès-lors d'établir dans cette ville des prêtres de la mission, pour faire dans les campagnes ce qu'ils ne peuvent faire ailleurs que dans le cas d'une certaine nécessité.

Le serviteur de Dieu, pendant le débordement dont nous venons de parler, rendit pour la troisième fois au village de Génévilliers un service semblable à celui que nous avons décrit avec plus d'étendue. Il avait, quelque temps auparavant, soulagé les besoins des habitans de Boulogne en Picardie. Bientôt après, il envoya un essaim de filles de la Charité au secours de cinq ou six cents soldats qu'on avait transportés à Calais, après la fameuse bataille des Dunes: mais vouloir détailler tous les biens qu'il a faits ou procurés, ce serait vouloir ne finir jamais.

Il en fit une cette même année qui appartient essentiellement à son histoire. Je parle des règles qu'il donna enfin à sa congrégation. Il y avait plus de trente ans qu'elle était établie, et elle n'en avait point encore. Il est vrai que les siens avaient jusque-là trouvé en lui un modèle parfait; mais ce modèle ne pouvait désormais durer long-temps, et il était à propos de prévenir, par un réglement clair et précis, jusqu'à l'ombre des doutes que l'inquiétude de l'esprit humain aurait fait naître dans la suite. Vincent, malgré ses grandes occupations, y pensait tous les jours, et il y pensait solidement. Quoiqu'une lecture de trois ou quatre heures suffise pour parcourir d'un bout à l'autre ses constitutions, on y trouve des maximes si sages, des moyens si proportionnés à la fin, des voies si sûres pour arriver à la perfection chrétienne et sacerdotale, des remèdes si efficaces contre la corruption du siècle, des avis si prudens pour la sanctification des peuples, qu'un grand évêque, à qui notre saint en fit présent, le portait toujours sur lui, comme un des plus beaux précis qu'on puisse faire de l'Evangile.

Vincent de Paule, avant d'en faire la distribution, représenta aux siens que, quoiqu'il y eût environ trente-trois ans que la congrégation était établie, on ne lui avait encore point donné de règles par écrit, parce que toute précipitation en ce genre eût été sujette à beaucoup d'inconvéniens, qu'il avait été à propos d'essayer sur une longue expérience tout ce qui convenait ou ne convenait pas; que, si Dieu avait bien voulu se servir de la compagnie pour opérer quelque bien dans l'Eglise, ce n'était que parce qu'elle avait gardé l'ordre et l'usage prescrit par les constitutions qu'on lui mettait actuellement entre les mains. « Que me reste-t-il donc à faire? poursuivit-il, sinon d'imiter Moïse qui, ayant donné au peuple la loi de Dieu, promit à ceux qui l'observeraient toutes sortes de bénédictions. Donnez, Seigneur, la vôtre à ce petit livre; accompagnez-le de l'onction de votre esprit, afin qu'il opère dans l'âme de ceux qui le liront, l'éloignement du péché, le détachement du monde, la pratique des vertus et l'union avec vous. »

Vincent prononça ce discours d'un ton de

voix médiocre, mais avec tant de douceur et d'humilité qu'il fit passer les sentimens de son cœur dans le cœur de tous ceux qui l'écoutaient. L'assistant de la maison s'étant jeté à ses pieds pour le prier de bénir encore une fois la compagnie, le saint s'écria aussitôt, avec un redoublement d'affection et de tendresse : « O Seigneur! qui êtes la loi éternelle et la loi immuable, qui gouvernez par votre sagesse infinie tout l'univers, vous, de qui toutes les lois et les règles de bien vivre sont émanées comme de leur source, bénissez, s'il vous plaît, ceux à qui vous avez donné ces règles-ci. Donnez-leur, Seigneur, la grâce nécessaire pour les observer inviolablement jusqu'à la mort. C'est en cette confiance et en votre nom que tout misérable pécheur que je suis, je vais prononcer les paroles de la bénédiction. »

Ainsi finit ce jour que l'homme de Dieu dut regarder comme un des plus beaux de sa vie. Quelque désir qu'il eût de mourir pour être avec Jésus-Christ, il avait toujours craint d'être enlevé avant que sa congrégation eût une forme de gouvernement à laquelle on ne pût plus toucher. Si ses fréquentes infirmités lui firent plus d'une fois courir les risques de laisser son ouvrage imparfait, c'est que sa maxime constante fut d'aller au mieux quand il n'était pas absolument obligé de se contenter du bien.

Le reste de sa vie ne fut plus qu'un tissu de douleurs ; mais Dieu lui rendit assez de force pour faire bien des choses utiles.

Il était obligé, pendant les plus grandes chaeurs de l'été, à faire de sa chambre une espèce d'étuve. Dès lors, point de repos pour lui, point de sommeil, point de trêve aux agitations que produit une chaleur capable d'étouffer. Il sortait du lit à peu près comme on sort du bain. Sa paillasse, ses draps, sa couverture, tout était trempé. Le jour qui succédait à de si mauvaises nuits ne l'en dédommageait pas; il ne réparait, par aucun repos volontaire, celui dont il avait été privé. Enfin, son mal de jambe se déclara d'une manière si vive que pour y tenir il eut besoin de toute la patience des saints. Des ulcères s'y formèrent alors; il coulait pendant le jour un ruisseau de sérosités qui, s'arrêtant pendant la nuit dans les jointures, lui causaient un redoublement de douleurs dont la continuité et la violence le consumaient peu à peu. Dans une situation aussi douloureuse et qui néanmoins pendant un temps considérable ne l'empêcha ni de se lever à quatre heures du matin pour faire l'oraison avec sa communauté, ni de présider à ses conférences ecclésiastiques qui se tenaient chez lui tous les mardis, quelquefois même à celle des dames de son assemblée, qui aimaient mieux aller d'un bout de Paris à l'autre que d'être privées de la consolation de l'entendre, dans cette situation, dis-je, le saint homme n'avait pas besoin de nouvelles épreuves. Mais, parce qu'il était juste, il fallait qu'il fût rassasié de tribulations. En moins de quatre mois la mort lui enleva quatre personnes qui étaient le soutien et la consolation de sa vieillesse.

Antoine Portail, prêtre d'un vrai mérite, d'une humilité profonde, d'une charité exemplaire, et qui, lié avec notre saint depuis près de cinquante ans, le soulageait dans une infinité d'occasions, fut le premier dont Dieu lui demanda le sacrifice. Sa mort fut, un mois après, suivie de celle de madame Le Gras. Elle avait toujours craint de ne pouvoir être assistée de son pieux directeur dans ses derniers momens. Ce qu'elle craignait lui arriva, parce que, quand elle fut attaquée de sa dernière maladie, Vincent ne pouvait plus se tenir debout. Mais une des croix les plus dures que notre saint ait eues à porter dans le cours de sa dernière année fut celle qui lui vint du décès de M. l'abbé de Tournus. Ce digne neveu du cardinal de La Rochefoucault avait de si tendres rapports avec l'homme de Dieu, et il avait rendu à la congrégation des services si essentiels, qu'on n'avait pu lui refuser un petit appartement dans la maison de Saint-Lazare. Il y avait long-temps qu'il conjurait Vincent de Paule de le recevoir au nombre de ses enfans; mais sa naissance et sa réputation, titres qui chez d'autres lui eussent aplani les voies, formaient un obstacle presque invincible à ses désirs. Ce ne fut qu'à la dernière extrémité que sa persévérance força enfin toutes les barrières que sa vertu opposait à sa vertu même. Etant tombé malade à Chambéry, il reçut d'un missionnaire qui l'avait accompagné à Rome l'habit de la congrégation. Ce petit changement d'état le remplit d'une sainte joie, et il en loua Dieu jusqu'au dernier soupir. Vincent rendit et fit rendre à ce cher et illustre défunt tous les devoirs que prescrivent la piété et la reconnaissance. Il le recommanda aux prières de toutes ses maisons, à titre de bienfaiteur et de missionnaire. Son corps fut apporté de Savoie dans l'église de Saint-Lazare. Les exemples de ses vertus y vivent encore, et sa mémoire y sera pour toujours en bénédiction.

Tant de coups si rudes, si rapprochés, ne suffirent pas à la justice de celui dont l'œil pénétrant trouve du faible dans ses plus beaux ouvrages. Notre saint se vit en danger de perdre encore le premier homme de sa congrégation, René Alméras fils. Mais enfin Dieu le rendit à ses prières; et, après une longue et sérieuse maladie dont il fut atteint à Richelieu, il se fit apporter à Paris sur un brancard. Il était temps qu'il y arrivât; trois jours après, Vincent n'était plus.

L'état où nous avons laissé ce digne prêtre, avant d'entamer le récit des croix qui éprouvèrent sa dernière année, lui faisait assez connaître que le terme de sa course n'était pas éloigné. Quoique du côté de l'esprit et des qualités naturelles on n'aperçût chez lui ni déchet, ni altération, que ceux du dehors et du dedans lui trouvassent à toutes les heures de la journée un air serein, ce ton de voix, ces manières pleines de douceur qui marquent une parfaite tranquillité, que, par une espèce de prodige, dont, eu égard à sa situation, il y a peu d'exemples, il gouvernât encore du fond de son réduit, et sa compagnie, et celle des filles de la Charité, et ce grand nombre de communautés dont il était supérieur, avec autant de présence d'esprit qu'il en avait eu dans le temps de la meilleure santé, il était cependant assez facile de voir qu'il ne pouvait tenir long-temps. L'Italie en fut informée, et pendant qu'Alexandre VII, pour ménager une tête si chère à l'Eglise, le dispensait, par un bref apostolique, de la récitation du bréviaire, les cardinaux Durrazzo, archevêque de Gênes, Ludovizio, grand-pénitencier, et Bagni, autrefois nonce en France, lui écrivirent séparément pour le conjurer de modérer ses travaux. Ces lettres et la grâce du pape n'arrivèrent qu'après sa mort. Il y avait, comme on le sut par hasard, dix-huit ans qu'il s'y préparait tous les jours de manière à pouvoir répondre au grand juge en cas qu'il trouvât bon de l'appeler. Pour s'y disposer plus prochainement dans sa dernière maladie, chaque jour, après la messe, il récitait les prières des agonisans, et il se trouva enfin à la veille d'en recueillir les fruits. Le 25 de septembre 1662, vers le midi, l'assoupissement que lui causaient ses insomnies devint plus profond qu'à l'ordinaire. Malgré cela, il entendit la messe le jour suivant, qui était un dimanche, et il y communia comme il faisait tous les jours depuis qu'il était hors d'état de la célébrer. Dès qu'il fut dans sa chambre, son assoupisement le reprit. On le réveilla plus d'une fois. Toujours semblable à lui-même le vertueux malade répondait avec un visage riant et affable. Mais bientôt sa langue se refusait aux tendres mouvemens de son cœur : après quelques paroles il demeurait court. Sur ces fâcheux pronostics, le médecin voulut qu'on lui donnât l'extrême-onction.

Ce fut alors que ses enfans connurent, à n'en plus douter, qu'ils étaient sur le point de perdre le meilleur de tous les pères. Ils se hâtèrent de profiter de ses derniers momens : un d'eux lui demanda sa bénédiction pour tous les autres. Le saint homme fit un effort pour lever la tête : il jeta sur ce missionnaire un regard plein de bonté et de tendresse, et, ayant commencé tout haut les paroles de la bénédiction, il acheva le reste d'une voix si basse qu'à peine pouvait-on l'entendre.

Il passa la nuit dans une douce et presque continuelle application à Dieu. Quand il s'assoupissait plus qu'on n'aurait voulu, il suffisait, pour le réveiller, de lui parler de son divin maître : tout autre discours le trouvait insensible. Il parut goûter principalement ces paroles si convenables à l'état d'un homme mourant : « Seigneur, venez à mon aide ; » il y répondait aussitôt par celles qui les suivent : « Hâtez-vous, mon Dieu, de me tendre une main secourable. »

Sur les quatre heures et un quart du matin, un ecclésiastique de la conférence des mardis, qui faisait pour lors sa retraite annuelle dans la maison, ayant appris que le saint baissait à vue d'œil, entra dans sa chambre, et le pria de bénir pour la dernière fois messieurs ses confrères, afin que leur compagnie ne dégénérât point. Vincent se contenta de lui répondre avec son humilité ordinaire : *Qui cœpit opus bonum, ipse perficiet*. Bientôt après il s'éteignit comme une lampe qui n'a plus d'huile; et, sans fièvre, sans effort, sans ombre de convulsion, il rendit à Dieu une des plus belles âmes qui aient jamais été. Ce fut à l'heure où ses enfans spirituels commençaient leur oraison; c'est-à-dire, au moment même où depuis quarante ans il attirait l'esprit du Seigneur sur soi et sur les siens. Son visage ne changea point, et son corps demeura aussi souple, aussi maniable qu'il l'était auparavant. Les chirurgiens qui l'ouvrirent philosophèrent beaucoup sur un os qui s'était formé dans sa rate et qui ne ressemblait pas mal à un jeton d'ivoire. Bien des gens qui avaient étudié de près le serviteur de Dieu attribuèrent cette production insolite à la violence qu'il s'était faite pour combattre une humeur sévère et mélancolique qu'il tenait de la nature et de son tempérament.

Il demeura exposé le mardi 28 septembre 1662, jusqu'à midi. Ses obsèques furent honorées de la présence de M. le prince de Conti, de l'archevêque de Césarée, nonce du pape, de plusieurs prélats et d'un nombre d'ecclésiastiques séculiers et réguliers de différens ordres. La duchesse d'Aiguillon, qui était de son assemblée, s'y trouva aussi, et avec elle bien des seigneurs et dames d'une naissance distinguée. Le peuple et les pauvres, pour lesquels il avait tant fait de choses, y accoururent en foule. Son cœur fut enfermé dans un vase d'argent, et son corps enterré au milieu du chœur, avec cette épitaphe, qui répond à la simplicité du père et des enfans.

HIC JACET VENERABILIS
VIR VINCENTIUS A PAULO,
PRESBYTER, FUNDATOR, SEU INSTITUTOR,
ET PRIMUS SUPERIOR GENERALIS
CONGREGATIONIS MISSIONIS,
NECNON PUELLARUM CHARITATIS.
OBIIT DIE 27 SEPTEMBRIS ANNI 1662,
AETATIS VERÒ SUAE 85.

La mort de ce grand homme affligea les plus gens de bien du royaume entier (1). Jamais peut-être, depuis le trône jusqu'au plus bas peuple, les suffrages n'ont été aussi unanimes. La reine-mère s'écria que l'Église et les pauvres faisaient une grande perte. M. Piccolomini, nonce en France, se servit des mêmes termes, et ce furent ceux qui se présentèrent le plus naturellement au public. La reine de Pologne, le marquis de Pianèze, l'illustre premier président, M. Lamoignon, les évêques de Pamiers, d'Aleth, et une infinité d'autres, en parlèrent de même. Le prince de Conti, qui jugeait bien, fit du défunt ce bel éloge : « Je n'ai jamais connu personne en qui il ait paru une si grande humilité, un si grand détachement, une si grande

---

(1) Louis XVI ordonna de lui ériger une statue, comme au plus illustre bienfaiteur de l'humanité.

générosité de cœur qu'en M. Vincent. L'Église a perdu en lui un homme rempli de toutes les vertus, et surtout d'une charité qui s'étendait partout. » Ceux même qui ne l'aimaient pas en parlèrent comme les autres; et un écrivain qui, sous prétexte de faire son éloge, s'est efforcé de diminuer sa gloire, ne laisse pas de reconnaître que « la piété de ce vertueux prêtre a été extraordinaire; il avoue que la bonté, la simplicité, la droiture, la charité et les autres vertus sont des dons que tout le monde sait qu'il a possédés. Il le regarde, et nous le regardons à son exemple, comme un homme dont la réputation publique est si bien établie, qu'elle suffira dans la suite des siècles pour détruire tout ce que l'envie ou la calomnie oserait avancer contre lui. »

Au reste, quoiqu'on fût persuadé que ce digne prêtre de Jésus-Christ avait, au sortir de ce monde, trouvé un lieu de paix et de rafraîchissement, cependant, comme le premier des apôtres nous apprend que le juste même n'est sauvé qu'avec peine, on offrit pour lui de tous côtés la victime qui expie les péchés du monde. Une multitude de prêtres séculiers et réguliers, de communautés, de cathédrales même lui rendirent ce devoir de charité et de reconnaissance. La célèbre métropole de Rheims, qui lui tenait compte des biens infinis qu'il avait faits à la Champagne, fut des premières à lui donner cette preuve de gratitude. Mais les ecclésiastiques de sa conférence se distinguèrent en ce point comme en d'autres. Ils lui firent, dans l'église de Saint-Germain-l'Auxerrois, un service très-solennel. Henri de Maupas-du-Tour, qui pour lors était évêque du Puy, et qui le fut ensuite d'Évreux, fit l'oraison funèbre. Son auditoire fut composé d'un grand nombre de prélats, d'ecclésiastiques, de religieux et d'une foule incroyable de peuple. L'orateur, qui avait parfaitement connu son héros, parla de lui avec tant de zèle, de piété, de sentimens, qu'il édifia et fut admiré. Son discours dura plus de deux heures, et malgré cela il ne put le dire tout entier. Aussi avoua-t-il que la matière était si ample qu'il en aurait assez pour prêcher tout un carême. Cette expression frappa; mais elle paraîtra juste à ceux qui, après avoir suivi les grandes actions du saint prêtre, voudront bien nous suivre dans le détail de ses vertus que nous aurons soin d'exposer, après avoir ébauché son portrait, pour obéir à l'usage.

Vincent de Paule était d'une taille moyenne, mais bien proportionnée. Il avait la tête grosse et un peu chauve, le front large, les yeux pleins de feu, mais d'un feu tempéré par la douceur; le port grave et modeste; un air d'affabilité, qu'il tenait moins de la nature que de la vertu. Dans ses manières et sa contenance régnait cette simplicité qui annonce le calme et la droiture du cœur. Son tempérament était bilieux et sanguin; sa complexion assez robuste. Le séjour de Tunis l'avait affaibli; et, depuis son retour en France, il fut toujours très-sensible aux impressions de l'air, et, en conséquence, fort sujet aux attaques de la fièvre.

Il avait l'esprit étendu, circonspect, propre aux grandes choses, difficile à surprendre. Lorsqu'il était chargé d'une affaire, il s'y appliquait sérieusement, et dès lors il en découvrait toutes les circonstances, et il en pénétrait tous les rapports; il en prévoyait les inconvéniens et les suites. Quand il était maître de n'ouvrir pas son avis sur-le-champ, il différait à le donner jusqu'à ce qu'il eût pesé les raisons du pour et du contre. Avant de porter un jugement fixe, il consultait Dieu dans la prière, et conférait avec ceux que la sagesse et l'expérience mettaient en état de lui donner des lumières. Ce caractère, absolument opposé à tout ce qui s'appelle précipitation, l'a empêché de faire jamais une fausse démarche et ne l'a pas empêché de faire plus de bien que vingt autres saints n'en ont fait; ce sont les termes d'une personne infiniment respectable, je veux dire de mademoiselle de Lamoignon. Son histoire, où cependant nous avons supprimé tant de choses, en est une preuve incontestable.

S'il ne s'empressait pas dans les affaires, il ne s'effrayait ni de leur nombre, ni des difficultés qui s'y rencontraient. Il les suivait avec une force d'esprit supérieure à tous les obstacles. Il en portait le poids et la lenteur avec une tranquillité dont il n'y a que les grandes âmes qui soient capables. Lorsque dans une assemblée on traitait quelque matière importante, il écoutait avec beaucoup d'attention ceux qui parlaient, sans jamais interrompre personne. Si quelqu'un lui coupait la parole, il s'arrêtait tout court, et, dès qu'on avait cessé de parler, il reprenait le fil de son discours avec une paix, une présence d'esprit admirable. Ses raisonnemens étaient justes, nerveux, toujours fort précis; il les exprimait en bons termes, et avec une certaine éloquence naturelle, propre non-seulement à bien développer ses pensées, mais encore à toucher, à persuader, à entraîner, surtout quand il s'agissait de porter à la vertu. Quand il parlait le premier, il exposait les questions avec tant de profondeur, et en même temps avec tant d'ordre et de netteté, qu'il étonnait les plus experts. Consommé dans le grand art de se prêter à tous les caractères, de se plier à tous les esprits, il bégayait avec les enfans, et parlait le langage de la plus sublime raison avec les parfaits. « Dans les discussions peu importantes, l'homme médiocre se croyait de niveau avec lui; dans le maniement des plus grandes affaires, les plus grands génies ne le trouvèrent jamais au-dessous d'eux. » C'est le témoignage qu'en a rendu Chrétien-François de Lamoignon, président au parlement de Paris, et quel témoignage, que celui d'un magistrat si capable d'apprécier le mérite.

Vincent était ennemi des voies obliques; il disait les choses comme il les pensait; mais sa sincérité n'eut jamais rien qui blessât la prudence. Il savait se taire quand le silence était de saison, ou, ce qui chez lui revenait au même, quand il était inutile de parler. Surtout il était extrêmement attentif à ce qu'il ne lui échappât rien qui marquât de l'aigreur, ou moins d'estime, de respect, de charité pour l'homme le plus vil et le plus abject.

En général, son caractère était éloigné des routes singulières. Un de ses principes était que, quand les choses sont bien, il ne faut pas les changer sous prétexte de les mettre mieux. Il se défiait de toute proposition nouvelle, soit qu'elle fût de spéculation ou de pratique. Il disait « que l'esprit humain est prompt et remuant, que les esprits les plus vifs et les plus éclairés ne sont pas les meilleurs, s'ils ne sont pas les plus retenus, et qu'on marche sûrement, quand on ne s'écarte pas du chemin par où le gros des sages a passé. » Ce peu de paroles vaut un livre.

Un de ses plus beaux talens fut celui de discerner les esprits. Il saisissait avec tant de pénétration les bonnes et les mauvaises qualités de ceux dont il était obligé de rendre compte que M. le Tellier, chancelier de France, n'en parlait qu'avec admiration et comme de la meilleure tête qui fût dans les conseils du roi.

Les qualités de l'esprit semblaient encore le céder chez lui aux qualités du cœur. Il l'avait noble et généreux, libéral, tendre, compatissant, ferme dans les événemens subits, intrépide quand il s'agissait du devoir, toujours en garde contre les séductions de la faveur, toujours ouvert à la voix de l'indigence, qui jamais n'essuya de sa part ce premier froid qui la déconcerte, et qui à tous les instants du jour le trouva aussi accessible que s'il n'eût vécu que pour elle.

Ce fut cette bonté de cœur qui le lia si parfaitement à tous ceux qui faisaient profession d'aimer la vertu. Cependant il avait un empire si absolu sur ses inclinations qu'à peine pouvait-on s'apercevoir qu'il en eût. Père tendre, mais sage et réglé dans sa tendresse, chacun de ses enfans fut content de la place qu'il crut avoir dans son cœur; et dans sa famille, quoique nombreuse, il n'y eut point de Joseph qui donnât de la jalousie à ses frères.

Enfin, quoiqu'on ne puisse dire qu'il ait été sans défaut, puisque, de leur aveu, les apôtres même n'en ont pas été exempts, on peut dire cependant qu'on n'a guère vu d'hommes engagés comme lui en toutes sortes d'affaires, obligés à traiter avec un nombre infini de personnes de toute espèce et de toute condition, exposés sans cesse aux occasions les plus dangereuses de faire quelque faux pas, dont la vie ait été non-seulement plus éloignée de tout soupçon, mais plus universellement estimée. Aussi a-t-on remarqué que le fils de Dieu était toujours si présent à ses yeux qu'il le rendait dans toutes ses actions et dans toutes ses paroles.

Il est vrai qu'on lui a reproché deux choses, l'une qu'il était trop lent à prendre son parti dans les affaires, l'autre qu'il disait trop de bien du prochain et trop de mal de lui-même.

On avouera sans peine qu'il a été un peu singulier en ces deux points et surtout dans le dernier. Mais cette singularité, dans laquelle il aura bien peu d'imitateurs, pourrait faire dire de lui ce qu'a dit de sainte Paule un père de l'Eglise, saint Jérôme, que ses défauts auraient été en d'autres des vertus.

Pour ce qui est de la lenteur dont il fut accusé, il est constant, et je l'ai déjà dit, qu'il était ennemi de la précipitation. Mais ce n'est qu'à sa vertu et une abondance de lumières qu'il faut s'en prendre. Il découvrait dans les affaires, et surtout dans les affaires de la nature de celles qu'il a eues à traiter, bien des replis qui échappent à ceux qui aiment à brusquer les choses. Aussi disait-il souvent qu'il ne voyait rien de plus commun que les mauvais succès des affaires précipitées. La vertu avait aussi beaucoup de part à la lenteur ou plutôt à la maturité de ses délibérations. « Il appréhendait, c'était son mot ordinaire, d'enjamber sur la conduite de la Providence. » D'ailleurs, il avait de lui-même des sentimens si bas qu'il ne se croyait capable que d'empêcher le bien ou d'y mêler beaucoup d'imperfection et de déchet. Au reste, Dieu a pleinement justifié la conduite de son saint; et les vrais enfans de la sagesse ont fait l'apologie de la sienne, en tombant d'accord qu'il a commencé et fini, dans l'espace de moins de quarante ans, ce qu'un grand nombre d'autres n'eussent pas achevé, ni peut-être même tenté dans des siècles entiers.

A l'égard de la manière dont il parlait de lui en toute sorte d'occasions, il est très-sûr qu'elle heurte de front l'usage ordinaire. La vraie humilité est bien rare et la religion n'a guère d'exercice qui coûte plus à la nature. Vincent la possédait dans un degré si éminent qu'on a souvent ouï dire à M. le cardinal de la Rochefoucault, que, si l'on voulait trouver la vraie humilité sur la terre, c'était dans ce saint prêtre qu'il fallait la chercher. En effet, quoique ce soit beaucoup dire, on peut assurer que ce fidèle imitateur d'un Dieu anéanti n'a jamais laissé passer une occasion de s'humilier. Il était si plein de l'idée de ses misères qu'il ne voyait en lui que l'empreinte du vice et de la corruption. Ce fut là tout son excès; car il n'était pas de ces dévots chagrins qui sont presque aussi mécontens des autres qu'ils le sont d'eux-mêmes. Il fermait les yeux sur les défauts du prochain, surtout quand il n'était pas chargé de sa conduite. Il estimait infiniment le caractère de ces âmes bien nées qui, dans l'ordre de la charité et de la prudence, pensent toujours avantageusement de leurs frères, et qui ne peuvent voir la vertu sans aimer ceux qui en font profession. C'était sa pratique; mais la sagesse et la discrétion la réglèrent toujours. S'il se réjouissait volontiers avec les personnes du dehors des grâces dont Dieu les comblait, il était plus réservé à l'égard de ses propres enfans. Il les aimait avec tendresse; mais il les louait rarement en leur présence, à moins que la gloire de Dieu et leur propre bien ne l'obligeassent d'en agir autrement. Nous le répétons donc avec confiance : ceux à qui une conduite si sainte paraît une espèce de défaut doivent souhaiter que ces prétendus défauts se multiplient et convenir de bonne foi qu'ils ressemblent beaucoup aux plus sublimes vertus.

Pour finir son portrait, il suffira d'ajouter que Jésus-Christ était son unique modèle. Il l'avait si profondément imprimé dans son cœur qu'il le rendait dans ses pensées, dans ses discours, dans toutes ses actions. C'était en lui qu'il puisait sa morale et toute sa politique. Il s'était fait une douce habitude de l'honorer dans tous les hommes en lui. Il le regardait comme chef de l'Eglise dans les successeurs de saint Pierre, comme prince des pasteurs dans les évêques, comme le seul maître dans les docteurs, comme juge des juges de la terre dans les magistrats, comme fils d'un artisan dans ceux qui vivent de leur travail, comme infirme dans les malades, comme agonisant dans ceux qui étaient prêts à mourir. Enfin il en était si rempli que ceux qui l'ont le plus étudié ont regardé comme sa devise particulière ces belles paroles qui lui échappèrent une fois dans un transport d'amour : « Rien ne me plaît qu'en Jésus-Christ. »

FIN DU LIVRE QUATRIÈME.

LIVRE CINQUIÈME.

On a remarqué dans tous les temps que le saint dont je continue la vie s'est plus volontiers livré à la pratique des vertus qui, comme l'humilité, la patience, le support du prochain, reviennent tous les jours. Mais on a aussi remarqué qu'il les pratiquait d'une manière bien supérieure au commun des justes et qu'il possédait dans un éminent degré celles dont l'exercice est plus rare et plus pénible. Le détail où nous allons entrer forcerait ses ennemis mêmes à convenir de la justesse de ces deux observations, s'ils pouvaient se résoudre à nous suivre sans passion et sans préjugé.

Comme la foi est le fondement des vertus chrétiennes, Vincent, en sage architecte, la regarda comme la pierre sur laquelle il devait élever l'édifice de son salut; et ce fut par cette raison qu'il la ménagea toujours avec des soins infinis. Il la soutint à Tunis contre les flatteuses promesses d'un maître qui avait sur lui un pouvoir presque absolu. Il la garda sans affaiblissement chez la reine Marguerite, malgré l'affreuse tentation dont il avait bien voulu se charger. Il la conserva pendant les troubles d'une hérésie naissante, qui s'efforça plus d'une fois de le séduire et qui lui aurait plus prodigué d'éloges qu'elle ne lui avait fait d'outrages si elle eût pu le gagner ou le rendre indécis. Enfin il écarta de sa compagnie et de celles qui dépendaient de lui, l'esprit de curiosité qui s'accorde mal avec une juste soumission; et il aima mieux voir ses chères filles de la Visitation demeurer pauvres que de les voir enrichies par une pensionnaire qui, en leur faisant de grands biens, aurait pu leur enlever le trésor de la foi.

La haute idée qu'il avait de cette importante vertu le portait à la répandre autant qu'il était en lui. De là les catéchismes et les instructions qu'il faisait, jusque dans ses voyages, aux enfans et aux pauvres qui, d'ordinaire, sont plus négligés. De là l'établissement de sa congrégation, c'est-à-dire, d'un corps d'ouvriers évangéliques destinés à faire naître et à cultiver le germe de la foi dans les terres les plus stériles. De là le saint plaisir avec lequel il publiait le bien que faisaient des compagnies qu'un œil jaloux eût regardées comme rivales, mais que sa foi n'envisageait que comme des modèles.

S'il eut la pureté et la fermeté de la foi, il en eut aussi la plénitude. Elle animait ses actions, ses paroles, ses pensées : c'est sur le niveau de la foi qu'il réglait ses jugemens, qu'il formait et qu'il exécutait ses projets les plus louables. Un dessein que les raisons d'une sage politique appuyait ne lui plaisait que parce qu'il se trouvait conforme aux maximes de l'Evangile. Il était persuadé et il répétait souvent que les affaires de Dieu ne réussissent si mal que parce que ceux qui en pressent l'exécution se conduisent trop par des motifs naturels. C'est pour cela que sans cesse il se rappelait lui-même et qu'il rappelait ses enfans aux lumières de la foi. A la faveur de cette lumière, qui perce les lieux les plus obscurs, il voyait dans un simple paysan l'image d'un Dieu qui s'est fait pauvre et qui semble n'être venu sur la terre que pour se faire l'évangéliste des pauvres. « O Dieu ! s'écriait-il à cette occasion, que les pauvres paraissent dignes de mépris quand on ne les regarde que des yeux de la chair et du monde. Mais qu'il fait beau les voir quand on les considère en Dieu et selon l'estime que Jésus-Christ en a faite. »

Telle fut la foi du saint prêtre. Pour en bien saisir la nature, il n'y a qu'à jeter les yeux sur ses autres vertus. Par l'excellence et la multitude des fruits, on pourra connaître la vigueur du germe qui leur a donné naissance.

La confiance en Dieu a été si éminemment la vertu de saint Vincent de Paule qu'on peut dire qu'à l'exemple du père des croyans, il a souvent espéré contre l'espérance même. Tout pauvre, tout simple particulier qu'il était, il a exécuté des projets innombrables que des princes mêmes n'auraient pas osé former. Il a soutenu des établissemens qui paraissaient désespérés. Il a calmé des inquiétudes qui paraissaient bien fondées. Mais en tout cela il ne comptait ni sur lui, ni sur un bras de chair, quel qu'il pût être. Dieu seul était sa ressource; et ce Dieu, toujours attentif au cri de ceux qui espèrent en lui, ne lui manquait pas. Vingt fois on lui a représenté que la dépense qu'il fallait faire pour la nourriture des ordinans et de ce grand nombre de personnes qui, chaque semaine, font la retraite dans sa maison, la mettait en danger de succomber; vingt fois il a répondu « que les trésors de la Providence sont inépuisables, que la défiance déshonore Dieu, et que les richesses étaient plus à craindre pour sa congrégation que la pauvreté. » Un jour, à la veille de l'ordination, le procureur vint lui dire d'un air empressé, qu'il n'avait pas un sou pour fournir à la dépense : « O la bonne nouvelle ! s'écria le saint prêtre : c'est maintenant qu'on va voir si nous avons de la confiance en Dieu. »

Ce n'est pas que le Ciel fît en sa faveur des miracles continuels et qu'il vînt à point nommé au secours de son indigence, puisque nous l'avons vu ci-dessus, lui et les siens, réduits au pain d'orge ou d'avoine. Mais il regardait ces accidens passagers comme des épreuves, sans lesquelles on ne peut bien connaître si l'on a en Dieu une vraie et entière confiance. Aussi était-il toujours le même dans ces occasions doublement fâcheuses pour un homme qui est à la tête d'une nombreuse communauté. On a remarqué constamment que la sérénité de son visage croissait à proportion des afflictions qui lui survenaient, soit en sa propre personne, soit en celle de ses enfans. Aux objections sans nombre que la prudence humaine faisait valoir contre lui, il ne faisait d'autre réponse que celle du prophète-roi : *Qui timent Dominum sperent in eo; adjutor eorum et protector eorum est.*

Je ne sais si le saint, qui était appelé en beaucoup de maisons, avait aperçu que la parfaite confiance n'est pas toujours la plus parfaite vertu des communautés. Ce qui est incontestable, c'est qu'il l'a recommandée dans une infinité d'occasions, soit à ses missionnaires, soit aux filles de la Charité, qui, à raison des dangers de toute espèce auxquels souvent elles sont exposées, ont plus besoin de se défier d'elles-mêmes et de ne compter que sur Dieu. Il leur annonçait la protection du Ciel d'un ton si décisif qu'on eût dit qu'il avait des raisons secrètes de compter sur elle, et ses prédictions furent plus d'une fois justifiées par l'événement. Nous avons dit ailleurs qu'une de ses vertueuses filles sortit saine et sauve du milieu des débris d'un bâtiment qui s'écroula de fond en comble; nous ajouterons ici qu'une poutre de leur principale maison s'étant rompue et ayant entraîné le plancher avec elle, la Providence permit qu'il ne s'y en trouvât pas une seule, quoiqu'une minute auparavant il y en eût plusieurs et que leur fondatrice ne fît qu'en sortir. « O mes filles! dit alors le saint prêtre, soyez sûres que, pourvu que vous conserviez dans votre cœur la sainte confiance, Dieu vous conservera en quelque lieu et en quelque danger que vous vous trouviez. »

Ce trésor d'espérance dont le Seigneur avait enrichi Vincent de Paule lui servait tantôt à soutenir madame Le Gras contre la crainte qu'elle avait de le perdre, tantôt à pacifier ceux qui étaient tentés de désespoir par une idée plus ou moins confuse de réprobation, quelquefois aussi à interdire une vue trop continuelle de la mort à ceux en qui elle pouvait altérer la confiance. Car, quoique la pensée du dernier jour fût une des pratiques qu'il conseillait pour écarter les traits de l'homme ennemi, il ne voulait point qu'on s'en occupât au préjudice d'une sainte et juste espérance. C'est que, sans une espérance ferme il ne peut y avoir de véritable amour, et que l'amour est la plénitude de la loi.

Notre saint en était si inondé qu'on voyait du premier coup d'œil qu'il était tout entier sous l'empire de la dilection. De là ces aspirations vives et tendres, qui, comme un feu trop resserré dans le sein de la terre, lui échappaient par intervalle et fréquemment : « O mon Sauveur! ô mon Dieu! quand me ferez-vous la grâce d'être tout à vous et de n'aimer que vous?» De là encore cet ardent désir qu'il eut toujours que Dieu fût de plus en plus aimé, béni, glorifié en tout temps et en tout lieu. De là enfin cette maxime capitale, qui fut toujours la sienne, que pour plaire à Dieu dans les grandes choses, il faut se faire une habitude de lui plaire généreusement dans les plus légères; que d'ordinaire celles-ci se font plus sûrement pour sa gloire; que celles-là, au contraire, s'en vont souvent en fumée, parce que l'amour-propre et le retour sur soi-même les corrompent ou les affaiblissent.

Comme la vraie pureté d'intention qui ne cherche que Dieu est inalliable avec la maladie du respect humain, le saint prêtre ne pouvait souffrir que les siens agissent dans la vue de plaire aux hommes. L'aversion qu'il avait pour les vues de la chair et du sang éclata un jour par un de ces mouvemens subits qui font transpirer les dispositions habituelles du cœur. Quelqu'un de sa compagnie s'étant humilié devant les autres d'avoir agi par des considérations humaines, Vincent, tout affligé, s'écria « qu'il vaudrait mieux être jeté pieds et mains liés sur des charbons ardens que de faire une action pour plaire aux hommes. »

Ses discours étaient simples ; mais l'amour dont il était enflammé leur donnait une chaleur dont ceux qui l'écoutaient ne manquèrent jamais de sentir l'impression. Aussi, de ce grand nombre d'évêques qui se trouvaient à sa conférence il n'y en avait point qui ne fût fâché quand il les priait d'en faire la conclusion ; et un d'eux lui dit un jour publiquement, qu'un mot de sa bouche ferait plus d'effet que tout ce qu'ils pourraient dire. Il n'y avait sur cela qu'une voix dans tout le royaume. Armand de Montmorin, archevêque de Vienne, dit dans sa lettre à Clément XI, qu'il n'y avait ni sermon, ni lecture de piété qui touchât aussi vivement que les entretiens du serviteur de Dieu. Le grand Bossuet, dans la lettre qu'il écrivit au même pontife, prend Jésus Christ à témoin qu'en entendant ce saint prêtre, on se rappelait ce mot du prince des apôtres : *Si quis loquitur, quasi sermones Dei.* François de Loménie de Brienne, évêque de Coutances, se rappelait, plus de quarante-cinq ans après sa mort, le plaisir qu'il avait eu de l'entendre dans sa famille, avec laquelle il était extrêmement uni. Victor de Melian, qui fut depuis évêque d'Aleth, en rendit toujours le même témoignage, et on pourrait le confirmer par celui des plus illustres dames de son temps, quoique à l'égard de style et de discours elles ne soient pas toujours les plus indulgentes. La présidente de Lamoignon fut si pénétrée d'un exhortation qu'il fit aux dames de son assemblée que, se tournant vers la duchesse de Mantoue, qui depuis fut reine de Pologne : « Eh bien! madame, lui dit-elle, ne pouvons-nous pas dire, à l'imitation des disciples qui allaient à Emmaüs, que nos cœurs ressentaient les ardeurs de l'amour de Dieu pendant que M. Vincent nous parlait? Pour moi, ajouta-t-elle, avec son humilité ordinaire, quoique je sois fort peu sensible à toutes les choses qui regardent Dieu, je vous avoue que j'ai le cœur tout embaumé de ce que ce saint homme vient de nous dire. Il ne faut pas s'en étonner, reprit la princesse, M. Vincent est l'ange du Seigneur, qui porte sur ses lèvres les charbons ardens de l'amour divin qui brûle dans son cœur. »

Mais ce n'était pas seulement à des âmes si bien nées, c'était à des cœurs plus qu'insensibles que notre saint communiquait une portion du feu sacré qui le consumait sans interruption. Un de ses prêtres lui présente un pécheur endurci, auprès duquel il avait échoué. Vincent lui parle, le presse, l'ébranle, le remplit d'une salutaire confusion. Au moment même, on commence à entrevoir les prémices du nouvel homme. Le fils d'iniquité gémit de ses chaînes. Il demande une retraite où il puisse s'en décharger; il la fait avec ferveur; il soutient avec fermeté ses premiers engagemens. Il publie partout que la douceur et la charité du saint ont captivé son cœur, et que jusque-là il n'avait trouvé personne qui parlât comme lui.

Au reste, l'amour de Vincent ne se bornait pas aux paroles; il allait aux œuvres; il voulait, et ce fut son mot, qu'on aimât Dieu à la sueur de son visage. Toute sa vie en est une preuve, et le reste de ses vertus va nous le confirmer.

Une des plus importantes, et en même temps une des plus pénibles à la nature, fût sa grande et parfaite soumission à toutes les volontés de Dieu. Il n'entreprenait rien, il ne donnait aucun conseil sans l'avoir préalablement consulté, pour en apprendre ce qu'il exigeait de lui. La liberté et l'esclavage, la maladie et la santé, la vie et la mort, tout lui était égal, pourvu que Dieu fût content. Il s'est vu lui-même et il a vu plus d'une fois ses chers enfans, comme les justes dont parle saint Paul, dans l'oppression, dans la misère, dans les chaînes. Malgré cela sa tranquillité était toujours inaltérable. Ce seul mot « Dieu le veut » calmait son esprit et coupait court aux réflexions inutiles.

Quelque temps après que la peste lui eut enlevé six ou sept des siens qui travaillaient à Gênes, cette maison, dont les larmes coulaient encore, perdit un procès très-important. Le nouveau supérieur l'écrivit à Vincent de Paule. Voici la réponse de cet homme incomparable; je ne sais si les actes des plus grands saints en fourniraient de plus belles : « Vive la justice! il faut croire, Monsieur, qu'elle se trouve dans la perte de votre procès. Le même Dieu qui vous avait donné du bien vous l'a ôté, que son saint nom soit béni. Le bien est mal quand il est où Dieu ne le veut pas. Plus nous aurons de rapport à Notre-Seigneur dépouillé, plus aussi nous aurons de part à son esprit. Laissons-nous donc conduire par notre Père, qui est aux cieux, et tâchons, sur la terre, à n'avoir qu'un vouloir et un non vouloir avec lui. » Cette dernière expression était fort familière à l'homme de Dieu. C'est qu'il était persuadé, et il le dit un jour de cœur, « que se conformer en toute chose à la volonté du Seigneur, c'est vivre sur la terre de la vie même de Jésus-Christ. »

De cette parfaite soumission naissait en lui cet esprit d'indifférence qui, par un nœud dont le secret n'appartient qu'à la grâce, s'allie très-bien avec la tendresse et sert à la rectifier. Il aimait sa congrégation et il avait de justes raisons de l'aimer. Cependant il n'a jamais fait un pas ni pour la multiplier ni pour l'enrichir. Il aimait en vrai père tous ses enfans; mais comme il les aimait en homme éminemment chrétien, il ne demandait leur santé ou leur vie que sous la condition du bon plaisir de Dieu et de sa plus grande gloire. On a vu combien il fut touché de la mort de M. Tournus, de celle de MM. Lambert, Portail, etc. Il supposait, avec raison, que tous ceux de sa compagnie étaient aussi très-sensibles à de si grandes pertes. « Cependant, leur disait-il dans ses lettres circulaires, je ne doute pas que vous n'ayez loué Dieu de cette privation, et que vous ne lui ayez dit que vous ne voudriez pas qu'il eût fait autrement, puisque tel a été son bon plaisir. » Que de murmures bannis, que d'actions de grâces substituées à d'inutiles plaintes, si les sentimens du serviteur de Dieu étaient ceux du commun des fidèles.

Pour être si constamment soumis à toutes les volontés du Seigneur, il faut l'avoir sans cesse devant les yeux. L'amour saint dont Vincent était pénétré lui enseigna de bonne heure une maxime aussi féconde, et il la pratiqua jusqu'à la fin. Un vertueux prêtre, qui l'observa pendant plusieurs années, le trouva toujours, comme Abraham, en la présence de son maître. Il ne voyait que lui : la multitude des affaires, les revers imprévus, les plus fâcheuses nouvelles, tout cela ne servait qu'à lui rappeler cet Être suprême qui règle à son gré l'univers et tous les événemens. Quand il était consulté, et souvent il l'était sur des affaires de toute espèce, il ne répondait d'ordinaire qu'après avoir lui-même consulté Dieu; et c'est pour cela qu'entre la demande et la réponse, il faisait communément une petite pause, et qu'assez communément encore il commençait par ces paroles : *In nomine Domini.*

Dans la crainte que son imagination ne lui enlevât la présence de Dieu, il se le rappelait au moins quatre fois dans une heure ; c'est-à-dire, à chaque son de l'horloge ; et alors, soit qu'il fût seul ou en compagnie, il se découvrait, faisait le signe de la croix, et élevait son esprit à Dieu. Quand il entrait dans sa chambre ou chez un exercitant, il se mettait à genoux pour attirer l'esprit saint : il faisait en sortant la même chose pour le remercier de ses grâces. Il a laissé ces pratiques à sa congrégation, et ce ne sont certainement ni les meilleurs esprits, ni les plus vertueux qui les négligent comme des minuties.

La beauté des campagnes, l'éclat des fleurs, leurs nuances variées presqu'à l'infini, le faisaient remonter sans efforts à celui qui en est le principe. Quand il se trouvait à la cour dans ces appartemens superbes où le cristal et les glaces font d'un seul objet mille objets différens : « Seigneur, disait-il, si les hommes ont eu l'adresse de faire que le plus petit mouvement ne puisse échapper à leurs regards, comment pourrai-je me soustraire aux vôtres ? »

Au reste, ce n'était guère que parce qu'on ne peut pas avoir toujours les yeux baissés que Vincent apercevait dans ses voyages la verdure des campagnes et l'émail des prairies. Nous verrons dans la suite qu'il poussait la mortification jusqu'à se retrancher l'innocent plaisir qu'offre la vue des richesses de la nature. En marchant dans Paris, il s'occupait de Dieu à peu près comme s'il eût été seul dans cette ville, où le tumulte et le fracas autorisent les distractions. Lorsqu'il fut réduit à se servir d'un carrosse, il avait ordinairement les yeux fermés; et le plus souvent, pour être moins distrait, il tirait le rideau sur lui, en sorte qu'il ne pouvait ni voir personne, ni en être vu. Peut-être aussi que l'humilité avait part à cette conduite, car j'ai su du R. P. Fleuriau, qui en avait été témoin, que les écoliers se montraient à l'envi le serviteur de Dieu et se disaient l'un à l'autre : Voilà le saint qui passe.

Un homme si constamment uni à Dieu ne pouvait manquer d'être un homme d'oraison. Aussi, quelqu'affaire qu'il eût et quelque part qu'il se trouvât, une heure de méditation fut toujours pour lui le sacrifice du matin; et ce sacrifice, il l'offrait avec des mouvemens si vifs, que, ne pouvant en soutenir l'ardeur, il exhalait par des soupirs dont il était le seul à ne pas s'apercevoir. Quoiqu'il parlât bien de Dieu dans tous les temps, on trouvait en lui quelque chose de plus quand il en parlait au sortir de l'oraison. Indépendamment des paroles, il n'y avait qu'à jeter les yeux sur la totalité de sa conduite pour reconnaître que l'oraison était son appui et sa nourriture.

Comme il connaissait par expérience les grands fruits que produit ce saint exercice, il commença par en faire une loi inviolable à ses enfans, bien persuadé que sa congrégation ne subsisterait devant Dieu que tant qu'elle y serait fidèle. Il ne voulait pas même que les infirmes s'en dispensassent. Mais la méthode qu'il leur prescrivait était si bien assortie à leur état qu'elle ne pouvait les fatiguer. Se porter à Dieu par de tendres affections, former des actes de confiance en lui, de résignation à sa volonté, de repentir des fautes commises contre sa loi, c'est tout ce qu'il exigeait d'eux, et ce qui ne passe point leurs forces.

Ce ne fut pas seulement aux siens que Vincent inspira l'esprit d'oraison, il tâcha de le communiquer aux étrangers, soit ecclésiastiques, qui, sans cela, ne peuvent être qu'un sel affadi; soit séculiers, parce qu'il ne doutait point que s'ils en prenaient l'habitude, ils n'exécutassent les bonnes résolutions qu'ils auraient prises pendant leur retraite.

Il alla plus loin encore, car non-seulement il fit des dames de son assemblée, autant de femmes d'oraison, mais il en détermina plusieurs à établir dans leurs familles ces sortes de répétitions qui ne sont d'usage que dans les plus saintes communautés. Ce fut à cette occasion qu'un laquais, rendant compte de ce qu'il avait médité, dit en substance qu'il s'était occupé des devoirs que le fils de Dieu nous prescrit à l'égard des pauvres; qu'en conséquence il s'était cru obligé de faire quelque chose pour eux; mais, que ne pouvant rien leur donner, parce qu'il était pauvre lui-même, il avait pris la résolution de se découvrir en passant devant eux, et de parler avec bonté à ceux qui s'adresseraient à lui. Combien de jeunes ecclésiastiques n'ont jamais fait de si bonnes méditations : *Ideo ipsi judices vestri erunt.* Matth. 12, v. 27.

A l'exemple du Sauveur, qui de temps en temps se retirait à l'écart pour prier, Vincent, malgré le poids des affaires, ne manquait jamais chaque année de donner au moins huit jours à la retraite spirituelle, retraite dont l'oraison ou de semblables exercices font la principale partie. C'est là que, séparé du monde et seul avec Dieu seul, il se rendait compte du passé; il gémissait du présent, et prenait de nouvelles résolutions pour l'avenir. A ce sujet, j'ajouterai que le saint voulait que quelqu'infidèle qu'on eût jusque-là été à ses résolutions, on continuât toujours d'en prendre. « Mais, disait-il, pour ne les prendre pas en pure perte, il faut se défier de ses propres forces, prier beaucoup, demander à Dieu la grâce de connaître et de surmonter les obstacles qui nous ont été funestes»; ne se point décourager ni pour les fautes que la fragilité humaine fait commettre, ni pour l'aridité et les dégoûts qu'on éprouve quelquefois dans la méditation. « C'est, disait-il encore, un exercice que Dieu nous envoie pour nous éprouver, et je connais des personnes vertueuses qui, par le bon usage qu'elles en font, se sont beaucoup avancées dans la vertu. »

Pour donner quelqu'idée de la dévotion de saint Vincent et de sa piété envers Dieu, il nous suffira de le suivre dans la pratique des devoirs qui sont l'objet de cette importante vertu.

Quoiqu'il se couchât toujours fort tard et que souvent il ne pût reposer que deux heures, il se levait régulièrement à quatre et avec tant de ferveur que le second coup de la cloche ne le trouva jamais dans la position où il était au premier. Il s'offrait, lui et toutes ses actions, à Dieu; et, après l'avoir tendrement conjuré par Jésus-Christ de ne pas permettre qu'il eût le malheur de l'offenser, il se rendait à l'église pour y faire l'oraison avec sa communauté. Ce pieux exercice était suivi ou de la confession, « parce qu'il ne pouvait pas même souffrir l'apparence du péché »; ou d'une nouvelle préparation pour le redoutable sacrifice qu'il allait offrir. On peut dire que dans cette grande action il servait de modèle aux prêtres les plus accomplis. Dans sa manière de prononcer, de faire les cérémonies, de se tourner vers le peuple pour lui annoncer la paix et la bénédiction de Dieu, on découvrait quelque chose de si saint, de si majestueux, qu'on a plusieurs fois entendu des personnes qui ne le connaissaient pas, se dire les unes aux autres : « Mon Dieu ! que voilà un prêtre qui dit bien la messe. Il faut que ce soit un saint ou un ange. »

A l'exception des trois premiers jours de sa retraite annuelle, il célébrait chaque jour sans y manquer jamais. Quelquefois, et on l'a vu à l'âge de plus de soixante-quinze ans, il servait une seconde messe après la sienne. A l'exemple du zélé M. Bourdoise, il ne pouvait voir, sans une vraie peine, un clerc céder aux séculiers le droit qu'il a de servir le prêtre dans cette fonction, que les anges lui enlèveraient s'ils pouvaient la remplir.

Il faisait les offices publics avec une dignité, une modestie capables de toucher, d'attendrir. Mais il ne s'en acquittait pas moins bien en particulier. Il récitait toujours son bréviaire à genoux et la tête nue. Il ne quitta cette attitude de respect que les deux ou trois dernières années de sa vie, parce qu'il ne pouvait plus faire autrement.

Il eut pour les mystères de la sainte Trinité et de l'Incarnation un respect si marqué qu'il pria le souverain pontife de faire à tous les membres de sa congrégation une loi précise de les honorer d'un culte particulier. Mais pour rendre bien sa piété envers le sacrement de l'amour de Jésus-Christ, il faudrait avoir une partie de la sienne. Quand ses affaires lui donnaient un peu de répit, il en profitait pour aller se jeter aux pieds de son Sauveur. Il s'y oubliait quelquefois et il y demeurait plusieurs heures. Il y lisait, et toujours à genoux, les lettres qu'il jugeait devoir être importantes, et il ne les lisait qu'après avoir offert à l'Homme-Dieu le bon et le mauvais succès. Il évitait d'y parler; et si quelqu'un, fût-ce un prince, voulait lui dire un mot, il tâchait de le conduire dehors, mais il le faisait avec tant de grâce que personne ne pouvait s'en offenser.

Dans ses voyages il avait la pénible mais

sainte coutume de descendre de cheval quand il passait dans un village dont l'église était ouverte; il y entrait pour rendre ses devoirs au *Dieu caché* qui l'honora de sa demeure. Si elle était fermée, il les rendait intérieurement : mais ouverte ou fermée, il allait au moins jusqu'à la porte quand il devait dîner dans le lieu, ou y passer la nuit. Les saints se ressemblent, et j'ai remarqué avec beaucoup de plaisir que le célèbre archidiacre d'Evreux, Henri-Marie Boudon, faisait exactement la même chose.

Lorsque ses maladies l'eurent réduit à ne plus célébrer, il communiait tous les jours; mais il le faisait avec tant de ferveur, qu'au sortir de la sainte table on l'aurait pris pour un homme transporté hors de lui-même. C'était en conséquence des grands effets que le pain de vie produisait en lui, qu'il pressait les siens et les étrangers de se mettre en état de le recevoir fréquemment. Il gémissait de voir une dévotion si solide se refroidir parmi les chrétiens. Il s'en prenait partie à l'indolence de la nature, chez qui la vigilance nécessaire pour communier souvent est un fardeau dont elle se décharge volontiers; partie au faux zèle des novateurs qui, en ce point, comme en bien d'autres, ont tout porté à l'excès, et qui, comme il le prouva un jour par l'exemple d'une femme de condition, au lieu d'établir la piété par cette espèce d'excommunication volontaire, n'ont introduit que l'esprit d'orgueil, de mépris des autres, de révolte contre les puissances légitimes.

On croit bien qu'un homme si plein de respect, et d'amour pour le sacrement de nos autels, fut extrêmement sensible aux outrages que lui firent de son temps l'hérésie et la licence des armes. Pénitences, soupirs, présens considérables de calices, de ciboires, d'ornemens, pèlerinages, ferventes communions sur les lieux, missions dictées par le zèle et soutenues par le bon exemple, tout fut mis en usage pour réparer autant qu'il était possible ces attentats sacriléges, et rendre à Jésus-Christ une partie de l'honneur qui lui avait été enlevé. Le seul nom de ce Dieu sauveur faisait sur lui une impression qui n'est connue que des vrais et parfaits amans. Aussi le copiait-il si parfaitement dans toute sa conduite, qu'on a regardé comme sa vertu distinctive l'imitation du verbe incarné.

C'était le livre qu'il ouvrait aux savans et à ceux qui ne l'étaient pas; aux rois et à leurs sujets; à ceux que Dieu nourrissait d'un lait délicieux et à ceux qu'il nourrissait d'absynthe. Louis XIII lui demanda dans sa première maladie quelle était la meilleure manière de se préparer à la mort, Sire, répliqua Vincent, c'est d'imiter celle dont Jésus-Christ s'est préparé à la sienne : *Non mea voluntas, sed tua fiat.* Marie de Maupeou Foucquet, si connue par sa piété et par son amour pour les pauvres, avait sur le salut de son fils de mortelles inquiétudes, qu'elle communiqua au saint prêtre. « Donnez, lui répondit-il, l'enfant et la mère à Notre-Seigneur, et il vous rendra bon compte de tous les deux.

Etudiez ce grand modèle et conformez-vous à sa volonté. » Elle le fit, et s'en trouva bien. Toute la terre a su la disgrâce du surintendant des finances et les ressources qu'il trouva dans le zèle du célèbre Pélisson; mais peu de personnes ont su comme moi, et par des voies aussi sûres, que dans sa prison il devint un modèle de douceur, de patience, et surtout d'humilité.

A la piété envers Jésus-Christ, Vincent de Paule joignit toujours une tendre dévotion à sa très-sainte Mère. Pour célébrer dignement ses fêtes, il jeûnait la veille, ainsi que toute sa maison. Le jour de la solennité il officiait avec toute la religion possible. Il proposait à ses frères les exemples de vertus que présentait le mystère honoré par l'Eglise. Quelque part qu'il entendît sonner l'*Angelus,* fût-ce chez un prince, il se mettait à genoux pour le réciter. Il visitait souvent et toujours par dévotion, les temples érigés en l'honneur de cette auguste Vierge. Le titre touchant de consolatrice des affligés, que l'expérience de la piété des fidèles lui ont assuré de concert, fut pour lui un motif de recourir à elle dans les peines et les orages dont sa vie fut si souvent agitée. Ce fut à l'aide de sa protection que, sur un frêle vaisseau, il passa de Tunis en Europe avec un renégat qu'il avait converti, et que pendant les troubles de la fronde il échappa aux périls que le démon de la discorde faisait naître sous ses pas. En un mot, qu'on le suive depuis l'enfance jusqu'à sa mort, on trouvera en lui un des plus dévoués et des plus fidèles serviteurs qu'ait eus la Mère de Dieu dans les derniers temps.

Il y joignit, par une conséquence nécessaire, saint Joseph, son digne époux, qu'il a donné pour patron à ses jeunes séminaristes; saint Pierre, que la vivacité de sa foi et son amour a placé à la tête du troupeau; saint Paul, dont il admirait les travaux infatigables; saint Vincent, martyr sous la protection duquel il avait été mis hors de son baptême. Il n'oubliait assurément ni l'apôtre des Indes, qu'il proposa toujours pour modèle à ceux qu'il envoyait dans les pays infidèles ou hérétiques, ni saint François de Sales, qui l'avait si tendrement chéri, ni enfin M. Olier, dont il avait reçu les derniers soupirs et qu'il invoquait comme un saint.

Pour augmenter le nombre de ceux qui triomphent dans la gloire, il tâchait de briser, par ses prières, les liens du feu qui en séparent les âmes du purgatoire. Il plaçait à la tête les bienfaiteurs de sa congrégation. Et chaque jour on y dit encore trois fois pour eux celui des psaumes que l'Eglise a jugé plus propre à leur procurer un lieu de paix et de rafraîchissement.

Des sentimens si chrétiens naissaient en Vincent de Paule du zèle qu'il eut toujours pour la gloire de Dieu; et ce zèle, qui ne connaît point de mesures, fut le principe de celui avec lequel il travaillait, soit à son salut, soit à celui des autres. Qu'on se rappelle en gros ce que nous avons dit de lui dans le corps de son histoire, et on verra que, pendant la longue carrière qu'il a fournie sur la terre, il ne tendit jamais qu'à former au Seigneur un peuple parfait. Mais on n'y verra pas moins que le zèle avec lequel il s'y employa eut toutes les conditions qu'il doit avoir, c'est-à-dire, qu'il fut sage, éclairé, invincible, dégagé de tout motif d'intérêt.

Son zèle fut sage, jamais impétueux, jamais précipité. Les traits de père et d'ami dominèrent toujours dans les réprimandes qu'il fut obligé de faire aux siens. Dans ses missions, il tonnait contre le péché; mais, après avoir effrayé le coupable, il lui inspirait de la confiance et le gagnait par la tendresse. En parlant aux grands du siècle, il n'altérait point la vérité; mais cette vérité si souvent odieuse passait à l'ombre du respect et plus encore de la haute idée qu'on eut toujours de sa droiture et de sa probité. Dans les séminaires il voulait qu'on formât avec patience les jeunes gens qui s'y trouvent, qu'on en fît d'abord de bons chrétiens et ensuite des ecclésiastiques, surtout qu'on ne les accablât point d'avis toujours offensans, quand ils sont caustiques, toujours inutiles quand ils sont trop multipliés.

Son zèle fut éclairé. Les lumières de l'Evangile, les décisions de l'Eglise, l'autorité des plus célèbres docteurs, furent ses règles. Dans ses doutes il avait recours à MM. Ysambert et Duval, dont le premier fut son pénitent et le second son directeur après M. de Berulle. Un grand sens et de bonnes études, en un mot, la nature et la grâce le conduisirent par ce chemin sûr, qui est à une juste distance des extrêmes. Il était très-éloigné des nouveautés janséniennes; il fut très-éloigné du relâchement des mauvais casuistes, et, lorsque leur infâme apologie eut reçu à Rome la flétrissure qu'elle méritait, il en informa ses prêtres, comme il les avait informés de la censure du livre de Jansénius. En fait de pénitence, il voulait qu'on s'en tînt aux maximes du saint concile de Trente; c'est-à-dire que, quoique par cette rigueur apparente on fournît à quelques personnes un prétexte de se tenir loin des sacremens, on les proportionnât à la griéveté des péchés. « C'est, disait-il, que la sainte sévérité tant recommandée par les saints canons de l'Eglise, et renouvelée par saint Charles, fait incomparablement plus de fruits que la trop grande indulgence, etc. »

Son zèle fut inviolable. Rien ne lui coûta quand il fut question de la gloire de Dieu et du salut des âmes. Quel courage n'a pas dû avoir un homme qui sut secourir pendant une longue suite d'années de vastes provinces dont les besoins renaissaient tous les jours? un homme qui, pour procurer à l'indigence les hôpitaux de Bicêtre et de la Salpêtrière, eut des obstacles de tout genre à surmonter? un homme qui, dans le conseil du roi, osa parler devant un ministre formidable, comme il eût parlé au jugement de Dieu? On dirait que, dans l'expédition de Madagascar, il fut comme Jacob, fort contre Dieu même. Le ciel et la terre, les hommes et les élémens parurent s'armer contre lui. De ses enfans, les uns furent ensevelis sous les flots, les autres tombèrent entre les mains de l'ennemi; ceux-ci moururent en arrivant au port, ceux-là furent consumés à la veille d'une abondante moisson. Ces fâcheux accidens ne l'ébranlèrent point, comme ils n'ont point ébranlé ses successeurs; et Madagascar aurait encore ses missionnaires s'ils n'avaient été forcés d'en sortir quand Louis XIV l'abandonna.

Enfin, le zèle de Vincent de Paule fut pur et dégagé de toute vue d'intérêt. Bien loin de passer les mers ou de parcourir les campagnes pour moissonner le temporel des peuples, il ne leur rendit jamais de services qu'à ses propres dépens. Si dans les missions un curé riche offrait sa table, il était absolument défendu de l'accepter. Il n'était pas même permis de recevoir les honoraire des messes qu'on disait pour les fidèles. Le saint les faisait porter aux malades par ceux même qui les présentaient.

A ce premier genre de désintéressement, dont je serai obligé de parler ailleurs, Vincent en joignit un autre plus difficile et bien moins commun. Dégagé de l'esprit de jalousie contre lequel ceux qui courent la même carrière ne sont pas toujours assez en garde, il voyait le succès des autres avec la sainte joie des enfans de Dieu. Il les publiait au-dedans et au-dehors, et il leur a plus d'une fois rendu des services que la plupart d'entre eux n'ont jamais connus. Il faisait plus encore, puisque, pour faire valoir les travaux des autres, il allait jusqu'à dépriser les siens et ceux de ses missionnaires, en qui il ne voyait qu'une poignée de gens mal habiles, dont les faibles travaux ne pouvaient trouver grâce devant Dieu qu'à la faveur de la grande récolte des autres. Tel fut son zèle; mais disons-le en même temps, telle fut son humilité. Il en fallait beaucoup pour perdre de vue le témoignage uniforme que portaient du mérite et de la vertu de ses prêtres les plus illustres pasteurs du premier et du second ordre, les plus vertueux magistrats, souvent même les têtes couronnées.

Sa charité pour le prochain fut aussi étendue que son zèle. Obligé de resserrer une matière que sa piété a rendue si vaste, je ne rappellerai ici ni ce qu'il souffrit pour les intérêts du roi pendant les troubles de la fronde, ni le danger auquel il exposa sa vie pour sauver celle du chancelier de France, ni la justice que lui rendit plus d'une fois Anne d'Autriche en parlant de lui comme d'un fidèle serviteur de son prince. Je ne parlerai pas non plus du tendre respect qu'il eut toujours pour le siége apostolique; respect si profond, que ni Paulin, ni Mélèce, ni l'univers entier n'auraient pu le détacher de la chaire de saint Pierre. Je ne parlerai pas même de son dévouement à l'ordre épiscopal; dévouement qui le porta, en toute occasion, à soutenir à la cour et au parlement les justes entreprises des évêques, à les recevoir comme les anges du Dieu vivant, à honorer, comme ses maîtres, des prélats qui, presque tous, l'honoraient comme leur père, et qui, dans le pénible soin de leurs diocèses, n'avaient pas de ressource plus sûre que celle de son crédit et de ses lumières. Il semble que la charité des saints, quand elle vole moins haut, a quelque chose de plus touchant et de plus admirable.

Pour commencer par le clergé inférieur, quiconque en portait les marques était assuré de trouver chez lui de la consolation dans ses peines et une main toujours prête à essuyer ses larmes. Un prêtre étranger et infirme lui demanda un secours; Vincent le reçut avec bonté, le logea, le nourrit, le fit traiter et le garda jusqu'à ce qu'il eût recouvré ses forces. Un autre, qui faisait sa retraite à Saint-Lazare, y tomba malade; le saint en eut et en fit prendre tous les soins imaginables. Le mal dura long-temps, mais la charité dura plus long-temps que le mal. Quand ce pauvre homme fut rétabli, Vincent lui fit donner une soutane, un bréviaire, plusieurs petits effets et dix écus. Un troisième, à qui il avait accordé l'hospitalité, lui vola une soutane et un manteau long. On voulait courir après: « A la bonne heure, dit Vincent, pourvu que ce soit pour lui porter ce qui lui manque, et non pour lui redemander ce qu'il a pris : il faut qu'il soit bien dans le besoin pour en être venu à une si fâcheuse extrémité. »

Je supprime ici cent autres traits semblables, et, en disant *cent traits*, je réduis les choses à rien. Le seul détail des secours qu'il a distribués ou procurés aux ecclésiastiques d'Irlande, persécutés par Cromwell, serait capable d'épuiser la patience du lecteur. Il était si notoire, dans tout le royaume et dans tous les états voisins, que Vincent était l'asile des ecclésiastiques qui étaient dans le besoin, que, quoiqu'à raison du malheur des temps, il s'en rendît à Paris une prodigieuse multitude, presque tous venaient en droiture descendre à Saint-Lazare. Mais ce qu'il y eut de singulier dans cette charité sacerdotale, c'est qu'elle ne se refroidit jamais, et que, quoique en ornemens, en vases sacrés, en linges et en réparations d'églises, elle soit allée à plus d'un million de livres, notre saint ne crut jamais en avoir assez fait. Grâces à Dieu, il était le seul à penser ainsi. Il y avait peu de provinces où il ne fût regardé comme le père et des pasteurs et des peuples. Sa mémoire y était en bénédiction ; et quand un curé de campagne, en montrant l'habit qu'il avait sur le corps, lui appliqua ces paroles de Jésus-Christ à saint Martin : *Et hâc me veste contexit,* il ne dit que ce que plus de mille prêtres auraient pu dire.

Il avait aussi un amour très-tendre pour toutes les communautés. Il en fut quelquefois bien mal récompensé ; et dans une occasion importante il fut traversé à Rome par un corps à qui il avait rendu en France de grands services. Il ne s'en vengea qu'en protestant que quand même les***, « lui arracheraient les deux yeux, il ne cesserait jamais de les aimer et de les servir » ; et c'est ce qu'il a fait toute sa vie. Sa vénération pour les religieux était si profonde que, lorsque quelqu'un d'eux lui rendait visite, il se jetait à ses pieds et le forçait par sa persévérance à lui donner sa bénédiction. Mais il faisait quelque chose de plus pour eux; et les réformes de Grandmond, de Prémontré, de Sainte-Geneviève et de Chancelade seront un monument éternel de l'activité et de l'étendue de sa charité à leur égard. Ce qu'il faisait pour le corps entier il l'a fait plus de cent fois pour les particuliers même, soit pour les réconcilier avec leurs supérieurs, soit pour les empêcher de passer d'un ordre à un autre, conduite qu'il n'approuva jamais que quand elle était appuyée sur de très-solides raisons.

Un homme si plein de charité pour les communautés étrangères ne pouvait manquer d'en avoir beaucoup pour celles qu'il avait lui-même formées. Plus père de chacun des siens que ne l'est un père naturel envers son fils unique, il n'y en avait pas un seul parmi eux qui n'eût lieu de croire qu'il n'en était tendrement aimé. Ses paroles, ses lettres, ses réprimandes même portaient l'empreinte de la charité. Il prévenait les besoins, il soutenait dans les peines, il ne jugeait pas, il condamnait encore moins sans entendre. Les rapports artificieux, l'adroite et souple médisance n'avaient point d'accès chez lui. Il fit à ses enfans jusqu'à sept conférences contre ce malheureux vice, qui met le trouble partout. C'est vraisemblablement à ses leçons que la pieuse Madeleine de Lamoignon dut et son admirable douceur et son inflexible aversion pour la médisance.

Quelque vive que fût sa charité dans tous les temps, elle redoublait à l'égard des infirmes. Bien loin de les regarder comme des gens à charge, il les regardait comme la bénédiction des maisons où Dieu les éprouve. Il donnait de bons ordres à ce qu'ils fussent bien traités; et, ce qui est beaucoup plus sûr, il examinait par lui-même si ces ordres étaient fidèlement exécutés. Dans leurs convalescences, il les égayait par des histoires où l'instruction se joignait si bien à l'agrément que l'esprit et le cœur y trouvaient leur compte.

S'il recommandait instamment l'amour du prochain à ses missionnaires, il ne le recommandait pas moins aux filles de la Charité, que leur nom seul avertit du soin qu'elles doivent avoir de cultiver cette importante vertu. « Hélas ! mes chères sœurs, leur disait-il, vous avez déjà tant à souffrir du dehors et de vos emplois. Que serait-ce, si vous alliez vous faire au-dedans de nouvelles croix qui sont toujours les plus dures! Vos maisons ne deviendraient plus qu'un purgatoire, au lieu que l'amour doit en faire un paradis. » Il tenait le même langage, soit aux religieuses de Sainte-Marie, soit aux filles de la Providence. Les constitutions qu'il dressa pour celles-ci, avec madame de Pollaillon, ne tendent qu'à établir dans leurs cœurs l'empire de la charité et de l'humanité. C'est l'idée qu'en donne un nouvel écrivain, et elle est aussi juste que précise.

Quoiqu'il soit aisé de conclure de ce que nous

avons dit dans le cours de notre histoire que la charité pour les pauvres fut la vertu dominante de Saint Vincent, le lecteur trouverait mauvais que nous n'en disions rien ici. A le prendre depuis l'enfance jusqu'à sa mort, presque toute sa vie s'est passée à secourir les malheureux. Tant d'associations instituées pour soulager les malades, tant de larmes répandues pour les enfans trouvés, tant d'hôpitaux fondés par ses soins, tant de secours procurés à d'immenses provinces, tant et de si grandes sommes distribuées aux esclaves de Barbarie, tant de glorieux établissemens qui subsistent encore, annoncent depuis plus d'un siècle que l'esprit de miséricorde fut celui qui l'anima davantage. C'est pour les pauvres qu'il a établi une compagnie de vierges, qui se font gloire d'en être les servantes. C'est pour eux qu'il a donné à l'Eglise une nouvelle congrégation, et qu'il l'a souvent réduite à manquer du nécessaire, de peur que le nécessaire ne manquât à l'indigence. C'est pour eux qu'après avoir tiré d'une auguste reine jusqu'à ses pierres précieuses, il se livrait en quelque sorte lui-même en empruntant en son propre nom des sommes considérables. Enfin, c'est pour eux qu'il a si prodigieusement donné pendant sa vie, qu'au jugement de François Hébert, évêque d'Agen, qui le savait mieux qu'un autre, le total de ses aumônes passe douze cent mille louis d'or. Que la légion qui s'étudie à obscurcir sa gloire nous montre dans ses héros quelque chose d'approchant! Cependant ce n'est là qu'une légère esquisse de sa charité pour les pauvres. La lecture de sa grande histoire, quoique fort resserrée de ce côté-là, en donnera une idée plus juste et plus capable d'attendrir.

Celle que nous donnerait un beau détail de l'amour qu'il eut pour ses ennemis ne serait pas moins consolante. Dans l'impuissance où nous sommes de le faire ici, il nous suffira de dire que Vincent, prêt à monter à l'autel, quitta ses ornemens pour se réconcilier avec un homme dont il avait été offensé; qu'il demanda le rappel d'un seigneur qui, presque sous les yeux d'Anne d'Autriche, l'avait indignement outragé; que, bien loin de triompher du malheur qu'éprouvent d'ordinaire ceux qui quittent leur première vocation, il fit révoquer, par ses larmes, l'arrêt de mort porté contre un étourdi qui, après avoir déserté de sa congrégation, avait déserté de son régiment; et qu'enfin, au lieu d'abandonner à son malheureux sort une femme qui venait de tuer un frère de sa maison, presque sous ses yeux, il lui donna de l'argent pour se soustraire par la fuite à la sévérité des lois. Si ce n'est pas là donner son âme pour celle de son ennemi, c'est au moins faire ce qu'on ne trouve que dans la vie des plus grands saints.

La douceur, cette vertu si propre à gagner les cœurs, fut peut-être celle de toutes qui coûta le plus à saint Vincent. Mais enfin, à force de vigilance et de prières, il l'acquit dans un si haut degré qu'il eût été en ce genre le premier homme de son siècle, si son siècle n'avait pas vu le saint évêque de Genève. Il eut à traiter, et souvent dans le même jour, avec des personnes d'un esprit élevé et des gens qui n'avaient ni éducation ni intelligence. Partout « en le voyant, on croyait voir saint Paul conjurant les chrétiens par la douceur et par la modestie de Jésus-Christ. » Partout il rappelait l'idée du Sauveur conversant parmi les hommes. Jamais d'altération sur son visage, de dureté dans ses paroles, de marques d'ennui dans ses gestes.

C'était surtout avec les hérétiques et avec les pauvres gens de la campagne que la douceur lui paraissait plus nécessaire. Il eut dans un même jour la consolation de gagner trois protestans à l'Eglise. Ce fut par la solidité des preuves, mais ce fut encore plus par l'onction et la douceur qu'il en fit la conquête. A ce sujet, il rappelait ce mot du cardinal du Perron que pour lui il se faisait fort de convaincre les calvinistes, mais qu'il n'appartient qu'à M. de Genève de les convertir.

Quant aux peuples de la campagne, qui furent toujours le grand objet de son zèle, il était persuadé que ce n'est que par la patience et par la douceur qu'on peut en tirer parti. A son sens, qui fut toujours très-droit, cet oracle de l'Ecriture : « Rendez-vous affable à l'assemblée des pauvres, » devait être la règle de ses prêtres. Il était le premier à la mettre en pratique; et, si les missions qu'il fit sur les galères eurent un succès dont toute la France fut étonnée, ce fut en grande partie à l'extrême douceur avec laquelle il traitait les forçats qu'il en fut redevable. Au fond, cette vertu, qui charme partout, avait chez lui je ne sais quoi de si naïf, de si sage qu'il était difficile de tenir contre. Un seigneur, sujet à faire des imprécations, ayant une fois dit devant plusieurs autres personnes qu'il voulait que le diable l'emportât, le saint l'embrassa de bonne grâce, et lui dit en souriant : « Et moi, monsieur, je vous retiens pour Dieu, ce serait dommage que son ennemi vous eût. » Ce peu de mots édifia beaucoup la compagnie : celui à qui il s'adressait en fut encore plus touché que les autres. Il avoua son tort et promit de se corriger.

Au reste, la douceur de notre saint suivit ce juste milieu qui ne connaît ni défaut, ni excès. Il détesta la flatterie jusqu'à dire que rien n'est plus indigne d'un cœur véritablement chrétien ; mais il ne détesta pas moins cet esprit de mollesse qui, dans dans la crainte de déplaire aux hommes, fait que très-souvent on déplaît à Dieu. Sa règle constante fut d'imiter celui qui, en allant fortement à son but, sait y aller par des voies pleines de suavité et de douceur. *Attingit à fine usque ad finem fortiter, et disponit omnia suaviter.* Sap. 8. 1.

Mais cette fermeté, si nécessaire à un homme en place, Vincent sut l'unir à la plus prodigieuse humilité. Il semble au premier coup d'œil qu'on peut l'imiter dans ses autres vertus ; mais, quand on en vient à son ardeur pour le mépris, on perd terre ; il paraît inimitable. Ce qui surprend, c'est qu'il commença de très-bonne heure à nourrir ces sentimens si contraires à la nature; et que, malgré les louanges que lui prodiguèrent dans toute l'Europe le sacerdoce et l'empire, il ne les perdit jamais. Le lecteur n'a pas oublié qu'en arrivant à Paris il quitta son propre nom de peur de passer pour un homme de famille; que, quoiqu'il eût fait de bonnes études il ne se donna que pour un écolier de quatrième; qu'à l'occasion de ce pauvre neveu qui le vint voir aux Bons-Enfans, il remporta sur l'amour-propre une victoire des plus complètes; qu'il enchérit sur l'odieux compliment que l'abbé de Saint-Cyran lui fit quand il le traita d'ignorant, et d'homme indigne d'être à la tête de sa congrégation; et qu'enfin à la cour, où la naissance fait quelquefois la meilleure partie du mérite, il débuta par publier qu'il était le fils d'un pauvre paysan.

J'ajoute ce qu'on a dit plus d'une fois, et ce qu'on a dit sans crainte d'être accusé d'exagération, qu'il a toujours saisi, sans jamais en laisser passer une, toutes les occasions de s'humilier, ou plutôt qu'il courait après quand elles ne se présentaient pas d'elles-mêmes. Un enfant de bonne maison lui écrivit d'Ax qu'il avait l'honneur d'être son parent et qu'à ce titre il lui demandait sa protection. Le saint l'assura de sa bienveillance; mais il fit ce qu'il put pour lui persuader, « qu'étant sorti d'un pauvre laboureur il ne pouvait être d'une famille aussi honorable que la sienne. » Un seigneur de Portugal, c'était le comte d'Obidos, lui écrivit une lettre pleine d'estime et de respect. Vincent, affligé qu'il y eût encore quelqu'un sur la terre qui ne le regardât pas comme le dernier des hommes, fit tout ce qu'il put pour le faire changer d'idées, et, à son ordinaire, il n'oublia ni son indigence spirituelle, ni la bassesse de sa naissance. Pierre J.-F. de Montgaillard, évêque de Saint-Pons, lui parla par hasard d'un château de sa famille : « Je le connais, reprit le saint prêtre, j'ai gardé les bestiaux dans ma jeunesse, et je les menais de ce côté-là. » Ce trait rapide d'humilité frappa si fort ce prélat qu'il l'a répété cent fois dans sa vie, et que jamais il ne l'a répété sans verser des larmes.

Mais rien à mon sens ne fait mieux connaître l'humilité de notre saint et l'idée que l'on en avait généralement conçue, qu'un fait arrivé à Marseille lorsqu'on y voulut commencer le procès de sa béatification. Les commissaires s'étant transportés dans les salles du magnifique hôpital que les galériens doivent à la charité du saint prêtre, un vieux forçat, qui était aveugle, entendant plus de bruit qu'à l'ordinaire, demanda de quoi il s'agissait. « Il s'agit, lui répondit-on, de savoir si tu as connu M. Vincent. Et oui, sans doute, répliqua-t-il; je lui ai fait ma confession générale; c'était un bien saint homme. Mais pourquoi me demandez-vous cela? C'est lui, dit-on, qu'on veut canoniser. Peine perdue, s'écria-t-il, M. Vincent était trop humble, il ne le souffrira jamais. » Plaise à Dieu que cette réponse, que tant de personnes de la plus haute condition ont admirée, les porte quelquefois, et moi plus qu'eux, à dire, avec bien de la justice, ce que notre saint a souvent dit par un excès d'humilité : « Je ne suis pas un homme, mais un pauvre ver qui rampe sur la terre et qui ne sait où il va, mais qui cherche seulement à se cacher en vous, ô mon Dieu! qui êtes tout mon désir. Je suis un pauvre aveugle, le plus inutile, le plus misérable des hommes, et celui de tous qui ai le plus grand besoin des miséricordes du Seigneur. (1) »

Du reste, ce même homme, qui se mettait au-

---

(1) « Après tant d'exemples d'une si rare et si prodigieuse humilité, on ne peut comprendre comment un auteur très-récent a osé dire, dans un prétendu Cours d'Histoire dédié aux jeunes personnes, tome 2, page 351, que le désir de se faire chef et fondateur d'ordre engagea saint Vincent de Paule à solliciter, peut-être un peu injustement, l'expulsion des religieux bénédictins de la maison de Saint-Lazare de Paris pour y mettre en leur place les prêtres de la mission qu'il venait d'établir. Si cet injurieux écrivain avait lu l'Histoire de Paris il y aurait vu qu'il n'y eut jamais de bénédictins à Saint-Lazare; et s'il avait ouvert celle de saint Vincent, il y aurait reconnu du premier coup d'œil que ce furent les chanoines réguliers par qui était desservie cette maison qui l'offrirent au saint prêtre; qu'il rejeta la proposition dès qu'elle lui fut faite; que plus de trente visites que le prieur (M. le Bon) et le curé de Saint-Laurent lui firent pour le déterminer, bien loin de le fléchir, ne purent pas même le porter à voir le nouveau domicile qu'on lui présentait ; et qu'il ne l'accepta enfin que parce que ses amis, et surtout le célèbre André Duval, lui répétèrent qu'il ne pouvait le refuser en conscience. Si l'auteur n'a pas mieux réussi dans le reste de ses histoires qu'en celle qu'il nous débite sur Louis XIII et sur saint Vincent de Paule, on peut l'assurer qu'il a fait un bien mauvais présent à la jeunesse. Au moins aurait-il pu et dû savoir que saint Vincent de Paule ne fut du conseil de conscience que sous Anne d'Autriche. »

dessous des démons; qui au collége des Bons-Enfans alla jusqu'à déclarer devant tous ses prêtres les fautes les plus grièves qu'il eût jamais commises; qui ne faisait point de difficulté de se mettre publiquement à genoux devant un malheureux qui avait osé lui donner un soufflet; qui s'abaissait, on a peine à le dire, mais pourquoi ne le dirait-on pas d'après un grand évêque? qui s'abaissait jusqu'à décrotter les souliers d'un ordinand : en un mot, cet homme si vil, si abominable à ses yeux, fut ferme comme un rocher quand il s'agit des intérêts de Dieu et de son Eglise. Il montrait alors que le mépris de soi-même n'est pas incompatible avec la vraie grandeur d'âme. Nous l'avons vu, malgré sa juste déférence pour le plus signalé de ses bienfaiteurs, s'opposer au rétablissement d'une abbesse scandaleuse; fermer l'entrée des maisons de la Visitation à des princesses accoutumées à tout obtenir; éloigner du sanctuaire ces hommes puissans qui ne savent pas édifier l'Eglise, mais qui savent bien se venger; et enfin proposer à un premier ministre de se sacrifier pour le bien public et à une grande reine d'y donner les mains. Pour juger si, dans des cas aussi critiques, un homme sans naissance a besoin de courage, il n'y a qu'à examiner si, mis à sa place, ceux qui, dans l'état, occupent les premiers rangs, osent souvent l'imiter.

En apprenant du Fils de Dieu à être doux et humble de cœur, notre saint en apprit à être obéissant dans toutes les occasions où la religion commande et permet de l'être. Il était, sous la main de son directeur, comme un enfant qui n'a point de volonté. Ce fut par obéissance qu'il fut pourvu de la cure de Clichy; qu'il entra dans la maison du général des galères; qu'il devint le directeur de son épouse; que, dans la suite il accepta et reprit la charge de premier supérieur de sa congrégation; que, sans jamais courir après des priviléges, qu'il eût plus aisément obtenus que bien d'autres, il voulut que ses prêtres dépendissent absolument des ordinaires, quant à leurs fonctions extérieures, et qu'enfin il accepta, dans le conseil du roi, une place à laquelle il aurait indubitablement préféré les chaînes dont il avait été chargé à Tunis.

Un homme qui sut si bien pratiquer l'obéissance était en droit de la prescrire aux autres. Et c'est ce qu'il fit parfaitement à l'égard des communautés que la Providence avait confiées à ses soins. Il leur disait que cette vertu, jointe à la régularité, est l'âme et comme la substance de la religion; que tout le bien de la créature consiste à remplir les desseins de Dieu, et qu'on ne les remplit que par la fidèle pratique de l'obéissance; et qu'enfin, ceux qui se désunissent de cœur de leurs supérieurs, qui murmurent contre eux, qui les contredisent, se rendent coupables d'une apostasie intérieure. Il ajoutait que l'obéissance, pour être parfaite, doit être volontaire, parce que c'est du cœur et de l'affection qu'elle doit partir; prompte, parce que la vraie obéissance n'admet ni excuse ni délai; courageuse, parce qu'elle ne doit point s'arrêter à la vue des obstacles; persévérante, parce qu'il faut obéir comme Jésus-Christ, et que Jésus-Christ a obéi jusqu'à la mort.

L'exemple de ce Dieu sauveur était le premier motif qu'employait le saint prêtre pour animer à la pratique de cette importante vertu. Mais il y en joignait un autre bien capable de faire naître la frayeur et la compassion pour ceux qui sont en place, c'est le compte terrible qu'ils auront à rendre au tribunal du souverain juge. Enivrés pendant la vie de leur très-petite fortune, ils ne pensent souvent, ni à bien remplir leurs devoirs, ni à les faire remplir par les autres. A la mort, leur âme y sera d'abord pour elle-même, et ensuite pour celle de leurs inférieurs. Est-il juste d'appesantir un poids qui, de lui-même, est déjà si accablant?

Une obéissance aussi parfaite suppose beaucoup de candeur et de simplicité. Celle de Vincent de Paule fut admirable; et le grand Bossuet lui rendit, en ce point, autant de justice que le cardinal de la Rochefoucauld en rendait à son humilité. Au fond, il ne connut jamais ni la marche équivoque ni les routes obliques des prudens du siècle. Toujours ingénu, toujours droit, s'il ne disait pas toute vérité indistinctement, parce qu'il y avait dans l'état des mystères qui n'étaient que pour lui, il ne disait ni n'insinuait jamais rien qui fût tant soit peu contraire à la vérité. Un homme simple, disait-il, ne regarde que Dieu et ne veut plaire qu'à lui. S'il ne découvre pas toutes ses pensées parce que la simplicité est une vertu discrète, il a soin d'éviter tout ce qui pourrait faire croire qu'il a dans l'esprit ou dans le cœur ce qu'il n'y a pas en effet. En un mot, il est simple en tout; simple dans l'intention, dans la manière d'agir, dans la manière de parler.

Cette simplicité dans les paroles, et surtout dans les instructions qu'on fait au peuple, était un point que notre saint ne se lassait point d'inculquer. Sa crainte et sa très-grande crainte était que ses enfans n'eussent, comme bien d'autres, le malheur de vouloir se faire un nom par des discours d'appareil. « On veut briller, disait-il encore, on veut faire parler de soi, on veut entendre dire qu'on a bien réussi. Maudit orgueil que tu corromps de biens! Tu fais qu'on se prêche soi-même, et non pas Jésus-Christ, et qu'au lieu d'édifier on détruit et on ruine. » Aux paroles, Vincent ajoutait des exemples dont il avait été témoin. Un jour il se jeta à genoux aux pieds d'un de ses prêtres pour le conjurer de faire d'une manière simple les entretiens de l'ordination. Il ne put rien gagner sur un homme enflé de son mérite, qui voulait suivre son goût, qui le suivit en effet, mais qui ne fit absolument aucun fruit. Un autre, au contraire, qui se régla sur les avis du saint, charma tellement une province dont les habitans passaient au moins pour très-déliés, qu'on lui offrit un fort bel établissement.

Mais comme la simplicité sans prudence devient indiscrétion ou stupidité, le serviteur de

Dieu eut toujours grand soin de réunir ces deux précieuses vertus. Mais il les réunit si bien que jusqu'à sa mort il fut regardé comme l'homme le plus sage de son siècle. Evêques, magistrats, curés, docteurs, religieux, supérieurs de communautés, tous venaient à lui comme à l'oracle du temps. Je parle de ce que j'ai vu, dit un témoin oculaire, et j'ai moi-même accompagné le prince de Conti et MM. d'Urfé et de Fénélon dans une visite qu'ils lui firent pour avoir ses avis sur différentes affaires.

Ce fut la haute et juste idée qu'on avait de sa prudence qui porta saint François de Sales à lui faire agréer la supériorité de son premier monastère de Paris; Anne d'Autriche à le mettre à la tête de ses conseils; l'illustre Guillaume de Lamoignon à le consulter comme « un esprit supérieur, non seulement dans les matières de conscience, mais encore dans les affaires séculières; » la maison de Fénélon à donner les mains à un mariage qu'elle n'approuvait pas, et qui, selon la prédiction du saint, a donné à l'Eglise le grand archevêque de Cambrai.

Mais pourquoi chercher des suffrages particuliers dans une matière où les faits publics parlent si hautement? Qu'on se rappelle, et qu'on parcoure les grands établissemens qu'il a faits; les moyens dont il s'est servi pour y réussir, la sagesse des réglemens qu'il leur a donnés; la manière dont il adoucit l'évêque du Mans, et que la plus raffinée politique lui enviera toujours : en un mot, qu'on suive sa marche en Afrique et en Europe, et l'on avouera sans peine, avec MM. Tellier, chancelier de France, et Claude le Pelletier, ministre d'état, que Vincent de Paule s'est conduit en tout avec tant de sagesse et de prudence que ceux à qui la justice et la raison l'obligeaient d'être le plus contraire ne pouvaient se plaindre de lui.

Ces dernières paroles nous invitent à dire un mot de la justice de saint Vincent. Pour prouver qu'il la posséda comme toutes les autres vertus dans un degré héroïque, je ne le suivrai ni dans la manière dont il rendit à César ce qui appartient à César, ni dans le choix toujours éclairé qu'il fit des officiers dont il avait besoin comme seigneur du territoire de Saint-Lazare, ni dans l'attention qu'il eut, malgré sa douceur naturelle, à maintenir la sévérité des lois quand la loi plus forte du pardon des injures ne l'obligea pas d'en agir autrement. Je me contenterai d'indiquer sa conduite dans les procès que l'esprit de chicane ou la surprise lui ont quelquefois intentés. Je puis assurer d'avance qu'elle est aussi chrétienne qu'elle est peu suivie par la plupart des chrétiens.

Sa maxime était d'aimer beaucoup mieux sacrifier quelque chose de son droit que de mal édifier le prochain en plaidant. Mais, comme il y a des caractères incapables d'en venir à des moyens de conciliation, il ne s'engageait pas à la défense sans avoir consulté au dedans et au dehors tout ce qu'il y avait de plus sage, de plus judicieux. Si quelquefois il a été trompé en ce genre, comme il me semble qu'il l'a été dans un cas important par le célèbre André Duval, au moins ne l'était-il que selon les règles de la prudence.

Quand l'affaire était entamée et qu'il voyait les juges, c'était bien moins pour leur recommander sa cause que pour les prier instamment de n'avoir égard qu'à l'équité. Il n'était ni pour ni contre personne. Il sollicitait également pour le demandeur et pour le défendeur. Il exposait et faisait valoir les raisons de son adverse partie aussi bien et peut-être mieux qu'elle n'aurait fait elle-même. Il regardait même les sollicitations comme des démarches peu conformes à la justice. Il disait qu'un magistrat qui craint Dieu n'y a point d'égard; quand il était au conseil de la ruine il les comptait pour rien; et qu'il se contentait d'examiner si la chose dont il s'agissait était juste ou si elle ne l'était pas.

Il fut obligé d'avoir un procès avec les habitans de Valpuiseau. Quand ils seraient venus à Paris en qualité de gens associés en cause, il ne les aurait pas mieux reçus. Il les logeait, les faisait manger au réfectoire à côté de lui, et payait leur voyage. Lorsque l'affaire fut sur le point d'être décidée, il leur en fit donner avis, afin que s'ils avaient quelque chose de nouveau à produire, ils le pussent faire à temps. Ils se rendirent d'abord chez lui comme chez un homme qui les protégeait. Il les conduisit lui-même chez le rapporteur. Malgré tous ces bons offices, ils furent condamnés, mais le saint paya les frais du procès : le soir il leur donna encore à souper, les logea, et ne les renvoya le lendemain qu'après leur avoir remis à chacun de quoi s'en retourner.

Les exemples qu'il laissa en matière de reconnaissance, ne furent pas moins touchans. Sans parler de celle qu'il eut envers Dieu, et qui s'étendait non-seulement aux bienfaits qu'il en recevait personnellement, mais encore à ceux qu'en reçoivent chaque jour toutes les créatures, celle qu'il avait envers les hommes allait si loin, qu'il n'est presque pas possible d'en faire concevoir une juste idée. Un homme qui l'aidait à monter à cheval, un enfant qui lui enseignait le chemin, un étranger qui lui faisait une visite souvent incommode, était sûr de ses remercîmens ou même de ses libéralités. Si quelque chose eût été capable de lui faire oublier l'austérité des règles qu'il s'était prescrites, c'aurait été l'esprit de gratitude dont le poids l'entraînait. Ce prêtre, qui, comme nous l'avons dit, se jeta dans l'eau pour l'en tirer, ayant dans la suite perdu sa première ferveur et quitté son état, voulut y rentrer. Il écrivit lettres sur lettres; mais voyant que le saint, qui craignait qu'un esprit volage ne se repentît bientôt de son repentir même, commençait à l'exclure, il l'attaqua par l'endroit sensible, je veux dire, par la reconnaissance. Le mot décisif de sa dernière lettre fut celui-ci : « Monsieur, je vous ai une fois sauvé la vie du corps, sauvez-moi celle de l'âme. » A la lecture de ces paroles, le saint homme fut ému. L'occasion d'exercer une vertu précieuse, jointe à la persévérance de celui en faveur duquel il devait l'exercer le fléchit enfin. « Venez, monsieur, répondit-il, et vous serez reçu à bras ouverts. » Il l'eût été en effet si Dieu, content de la préparation de son cœur, ne l'avait enlevé dans le temps qu'il se disposait à partir.

Jamais homme n'a mieux senti qu'Adrien Le Bon ce que produit un service quand il est bien placé. Non jamais le fils le plus tendre ne fit pour son père ce que fit Vincent pour l'ancien prieur de Saint-Lazare. Mais sous le nom de ce précieux bienfaiteur il faut aussi entendre tous ceux qui lui appartenaient. Le saint nourrit pendant deux ou trois ans un de ses anciens domestiques qui, la tête pleine d'idées creuses, courait du matin au soir, passait une partie de la nuit à écrire ses rêveries et ne voulait absolument rien faire. Vincent, à qui l'on s'en plaignit plus d'une fois, se contentait de répondre: « Il est à plaindre; il a servi un de nos principaux bienfaiteurs : Dieu trouvera-t-il mauvais qu'on reconnaisse en la personne du domestique les sentimens qu'on a eus pour le maître? »

Mais qu'arriva-t-il enfin d'une patience si soutenue et si chrétienne? Quelque chose qui tient du miracle. Ce pauvre garçon devint l'exemple et la consolation de toute la communauté. Il se fit le domestique des infirmes, et il les servait tous avec un respect, une affection qui ne se peut exprimer. Interrogé par quelqu'un comment il servirait Notre Seigneur s'il était encore sur la terre : Je le servirais, répondit-il, comme je vous sers, parce que je vous sers comme je voudrais le servir. Voilà, dit l'auteur du mémoire à qui nous devons ce détail, un des fruits de la reconnaissance de M. Vincent. Elle était admirable, il était juste qu'elle produisît des effets qui le fussent aussi.

La reconnaissance du saint n'eut pas toujours des effets si heureux. Peu s'en fallut que ces prêtres de Rome, pour avoir rendu au cardinal de Retz, qui s'y était réfugié, tout ce qu'ils purent de devoirs et de bons offices, n'en fussent chassés à l'instigation de Mazarin. « Il en arrivera ce qu'il plaira à Dieu, dit le saint homme; mais il vaut mieux tout perdre que de perdre la vertu de reconnaissance. »

Ces dernières paroles nous font entrevoir que Vincent de Paule était très-détaché des biens de la terre, et c'est le témoignage qu'en ont rendu tous ceux qui l'ont un peu étudié. « En qualité de secrétaire d'état, disait M. Le Tellier, j'ai été à portée d'avoir un grand commerce avec M. Vincent. Il a plus fait de bonnes œuvres pour la religion et pour l'Église que personne que j'aie connu. Mais j'ai principalement remarqué qu'au conseil de conscience, où il était le principal agent, il ne fut jamais question ni de ses intérêts, ni de ceux de sa congrégation, etc. »

Ce grand détachement fut la première vertu qui perça en lui; et, ce qui n'arrive pas toujours, elle s'y soutint jusqu'à la dernière vieillesse. On se souvient qu'il était encore enfant quand il donna tout son petit trésor à un pauvre; qu'il n'avait rien quand il quitta son abbaye pour travailler dans les campagnes; qu'une année d'instance ne put le déterminer à prendre la maison de Saint-Lazare, et qu'il l'aurait quittée dès que MM. Saint-Victor la lui contestèrent, si on ne l'eût assuré qu'il ne le pouvait pas en conscience.

Voilà ce que le public savait avant la publication de cette histoire. Mais il ignorait que M. le Blanc, un de ses prêtres, voulant léguer une rente annuelle à la maison de Saint-Lazare, l'homme de Dieu le pria de la laisser à sa famille, ce qui fut exécuté. Il ne savait pas que, quoique réduit à un extrême besoin, Vincent refusa cinq cents écus, en disant que deux mille pauvres, qui étaient malades à l'Hôtel-Dieu, en avaient encore plus grand besoin que lui. Il ne savait pas que le procureur du roi d'une grande ville lui ayant donné un bien dont il était fort le maître, Vincent le rendit à ses parens, parce que cette donation n'était pas de leur goût. Enfin, il ne savait pas qu'il refusa soixante mille pistoles qu'on lui offrait pour bâtir une église, parce qu'en les acceptant il aurait fait tort aux pauvres de Jésus-Christ.

De ce détachement des biens de la terre naissait en lui un si grand amour pour la pauvreté, que son siècle n'a guère eu d'ecclésiastiques qui l'aient porté aussi loin. Ses habits étaient aussi médiocres qu'ils le pouvaient être. La nourriture répondait au vêtement. Entre lui et les siens point de distinction, que celle d'une plus austère pénitence. Pour ce qui est de son logement, c'était bien la plus pitoyable chose qu'on puisse s'imaginer. Une chambre sans cheminée, un lit sans rideaux, une paillasse sans matelas, deux chaises de paille, un crucifix de bois, voilà tout son ameublement. J'avoue, dit dans sa déposition Jean-Baptiste Chomel, premier médecin du roi, « que je fus tout étourdi quand je vis un homme d'un tel mérite et d'une aussi grande réputation logé si misérablement et n'ayant pour tout meuble que ce dont il ne pouvait absolument se passer, etc. »

On juge bien que ce grand amateur de la pauvreté s'efforçait d'en inspirer l'amour à ses enfans. « Il est vrai, leur disait-il, que nous ne sommes pas religieux, parce qu'il n'a pas été trouvé à propos que nous le fussions et qu'aussi nous ne sommes pas dignes de l'être; mais il n'est pas moins vrai que la pauvreté est le nœud des communautés et particulièrement de la nôtre. C'est ce nœud qui, la déliant de toutes les choses de la terre, l'attachera parfaitement à Dieu.... Un homme qui a le vrai esprit de pauvreté ne craint rien, il peut tout, il va partout. Il s'estime heureux de suivre l'exemple du Sauveur, qui a commencé par une crèche et n'a fini que par la croix. »

Ce fut de cet amour de la croix que germa en Vincent l'esprit de mortification, qui est aujourd'hui si peu connue. Mais cette mortification eut chez lui pour objet tout ce qui peut en être la matière. Le jugement, la volonté, les penchans du cœur, les sens, en un mot, le corps et l'âme, tout fut immolé. Il avait l'air naturellement sévère; il se réforma si bien que, depuis sa retraite de Soissons, il a toujours passé pour un modèle de douceur et d'affabilité. Il narrait avec beaucoup de grâce, et, quand on conte bien, qu'on sait beaucoup, on parle volontiers : il sut si bien se taire quand il ne fut pas question de se faire mépriser, qu'un secrétaire du roi, qui avait été esclave à Alger et qui savait fort bien que Vincent l'avait été à Tunis, l'a mis plus de vingt fois sur la voie sans jamais pouvoir tirer de lui un mot qui eût rapport à sa captivité. Il aimait si tendrement sa famille qu'ayant vu de ses yeux le pauvre état où elle était, trois mois de réflexions ne purent adoucir la peine qu'il en ressentit. Cependant il se surmonta jusqu'à dire à ses frères, d'après l'Ecriture : « Je ne vous connais point, » parce qu'il connaissait des pauvres plus à plaindre qu'eux, et qu'il regardait une fortune bien médiocre comme un germe de sanctification. Enfin, il avait si bien enseveli le vieil homme avec tous ses désirs que M. Almeras, son successeur, qui l'avait beaucoup étudié, n'avait pu découvrir en lui ni inclination, ni penchant.

Il n'en fut pas ainsi tout-à-fait de sa mortification extérieure. Quelque précaution qu'il ait prise pour en cacher une partie et pour déguiser l'autre, on l'a suffisamment connu pour lui donner une place distinguée parmi les plus illustres pénitens. Voici sa marche constante pendant plus de quarante années.

Il ne se couchait guère que vers minuit, parce que les grandes affaires dont il était accablé ne lui permettaient pas de se coucher plus tôt. Une méchante paillasse faisait tout son lit, et cinq ans avant sa mort il en fit ôter les draps. Qu'il eût reposé ou non, qu'il fût en bonne santé ou qu'il eût la fièvre, ce qui lui arrivait souvent, il se levait toujours à quatre heures du matin et prenait la discipline. Il y joignait, surtout dans les temps de calamités publiques, le cilice, les bracelets, les ceintures de cuivre à pointes. Sa haire, qui subsiste encore, fait trembler ceux qui sont les plus faits à la mortification. Ennemi et presque meurtrier de son corps, dans les saisons les plus rigoureuses il tenait ses mains à l'air, quoique très-sensible à ses impressions. Sa nourriture était des plus grossières; et ce qu'il y avait de moins appétissant dans sa portion était toujours ce qu'il en choisissait : il y jetait même de temps en temps une poudre amère qui la rendait très-désagréable. Il jeûnait ordinairement deux fois la semaine; et ni la vieillesse, ni ses infirmités ne purent lui en faire perdre l'habitude. A 80 ans passés, il jeûnait le carême plus rigoureusement qu'un homme robuste à la fleur de son âge. Cependant ce n'est là qu'une partie de sa mortification, et il la poussa si loin que le cardinal de la Rochefoucauld, pour ménager des jours si précieux à l'Eglise, le pria de la modérer.

Un homme qui portait si continuellement en son corps la mortification de Jésus-Christ, dut naturellement avoir un grand empire sur lui-même et être d'une éminente pureté. Aussi ni l'erreur, ni la calomnie qui lui sert de garde, ne l'ont jamais entamé sur l'article de l'aimable vertu dont nous parlons ici. Il est vrai que, pour écarter jusqu'à l'ombre du péril, il prit toujours les plus sévères précautions. Jamais il ne rendit de visite à aucune femme, pas même aux dames de son assemblée, que lorsque la gloire de Dieu demandait qu'il leur en rendît; en ce point madame Le Gras était traitée comme les autres. Dans les entretiens qu'il était obligé d'avoir avec les personnes du sexe, il était très-précis et si modeste, quoique sans affectation, qu'on l'aurait pris moins pour un homme que pour un ange. Décrépit et plus qu'octogénaire, il avait toujours un compagnon qui ne le perdait point de vue. Celui-ci s'étant une fois retiré par respect pour le maréchal de Chombert, le saint le rappella au moment même, et lui fit sentir sa faute. Quoiqu'il eût souvent à traiter avec des personnes qui avaient besoin de consolation, il ignora toujours ces expressions affectueuses qui pouvaient ne guérir un mal que par un autre. Telles étaient ses maximes; et il les rebattit si souvent, soit à ses missionnaires, soit aux filles de la Charité, que, si on ne savait que la pureté ressemble à ces glaces de prix dont un souffle léger ternit l'éclat, on croirait qu'il a outré les précautions.

FIN.

TABLE.

LIVRE PREMIER.

	Page
Naissance de saint Vincent de Paule,	1
Il reçoit à Tarbes les ordres sacrés,	4
Il est fait esclave, vendu à trois maîtres, et revient en Europe avec le dernier qu'il avait converti,	6
De retour à Paris, il entre chez la reine Marguerite, en qualité d'aumônier,	13
Chargé de la cure de Clichy, il quitte cette paroisse pour entrer chez M. de Gondi,	18
Vincent quitte la maison de Gondi pour aller à Châtillon-lès-Dombes,	25
Il quitte Châtillon, rentre chez M. de Gondi et travaille aux missions,	36
Il est nommé aumônier général des galères et supérieur des filles de la Visitation,	41
A Marseille il prend la place d'un galérien,	44
Il établit une compagnie de missionnaires,	48
Il quitte la maison de Gondi et se retire au collége des Bons-Enfans,	51
Le roi autorise son association, et Urbain VIII l'érige en congrégation,	52

LIVRE SECOND.

Antiquités et révolutions de la maison de Saint-Lazare,	63
Vincent prend possession de cette maison,	72
Institution des filles de la Charité,	75

LIVRE TROISIÈME.

Horrible état de la Lorraine sous le duc Charles IV,	99
Saint Vincent entreprend de secourir cette province et y envoie des sommes considérables,	102
Louis XIII meurt entre les bras de saint Vincent,	115
Vincent refuse une somme de cent mille livres,	125
Commencement de l'affaire des enfans trouvés,	134
Les dames de la charité se chargent de ces enfans,	135

LIVRE QUATRIÈME.

Établissement de l'hôpital du nom de Jésus,	172
Idée générale des occupations de saint Vincent,	173
Mort de saint Vincent; ses obsèques,	187

LIVRE CINQUIÈME.

Vertus de saint Vincent et son culte,	197

FIN DE LA TABLE.

IMPRIMERIE DE BRODARD, A COULOMMIERS.

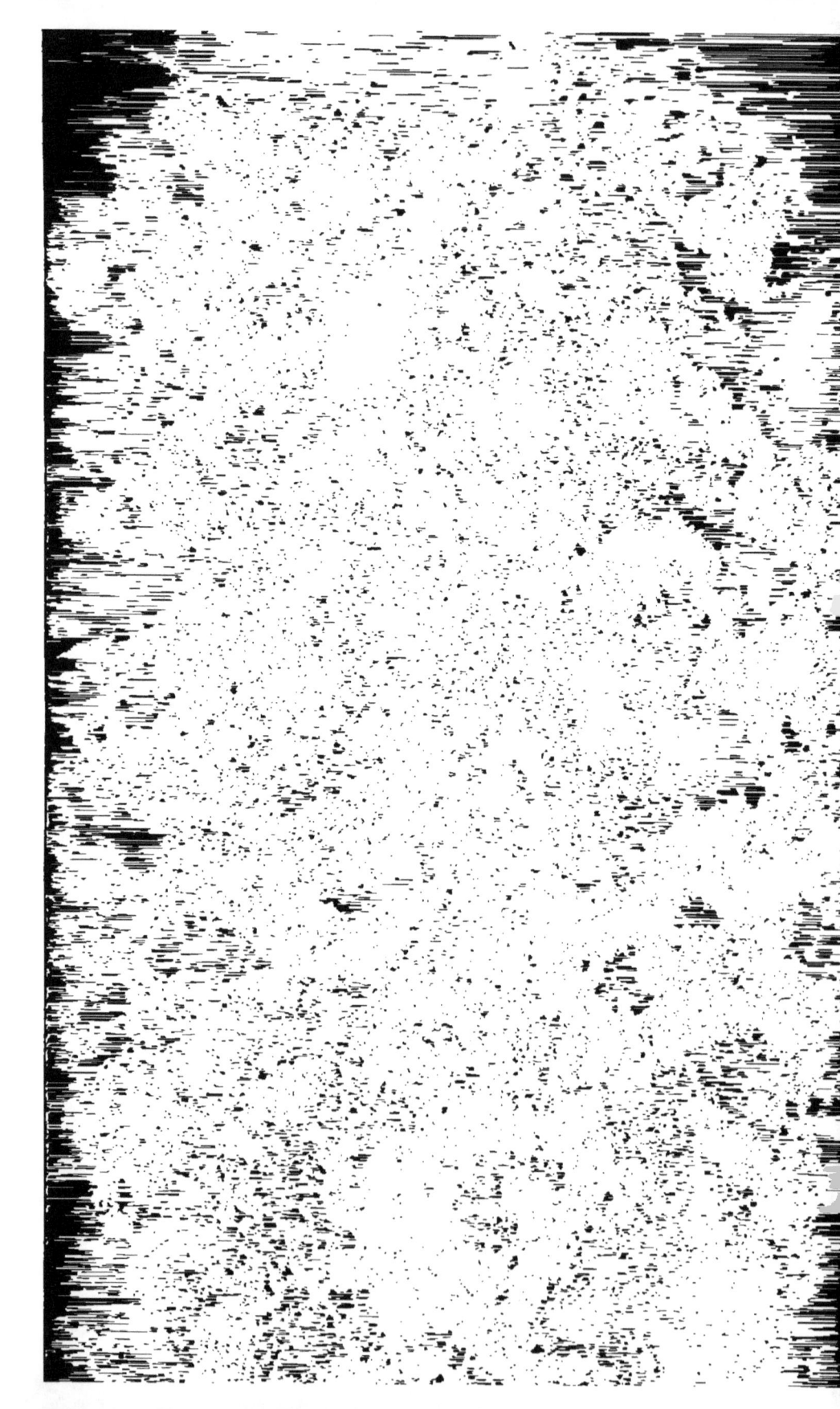

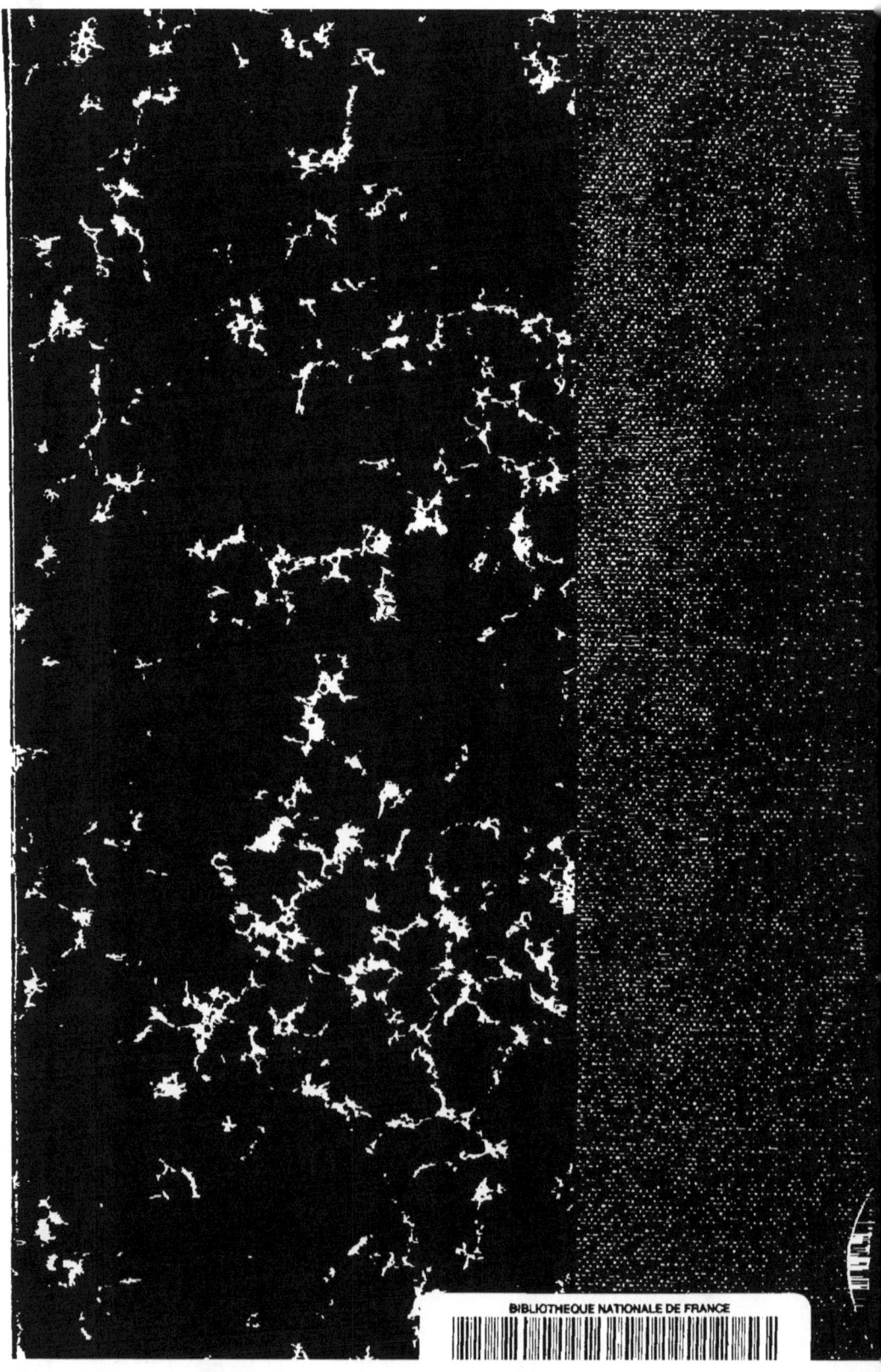